Friedrich-Wilhelm Haack

Jugendsekten

Friedrich-Wilhelm Haack

Jugendsekten

Vorbeugen – Hilfe – Auswege

Unter Mitarbeit von Thomas Gandow

BELTZ
Taschenbuch

CIP-Einheitsaufnahme der Deutschen Bibliothek
Haack, Friedrich-Wilhelm:
Judgendsekten : Vorbeugen – Hilfe – Auswege /
Friedrich-Wilhelm Haack. Unter Mitarb.
von Thomas Gandow. –
Weinheim ; Basel :
Beltz Quadriga, 1991
(Beltz-Quadriga-Taschenbuch ; Bd. 557)
ISBN 3-407-30557-6
NE: GT

Redaktion: Marion Zerbst
Korrektur: Rikarda Wundram
Satz und Umbruch:
Publishing 2000, Angela Fromm, Idstein
Druck und buchbinderische Verarbeitung:
Druckhaus Beltz, 6944 Hemsbach
Umschlaggestaltung:
Zembsch' Werkstatt, München
Printed in Germany

ISBN 3–407–30557–5

Inhalt

Vorwort

Als „neue Jugendreligionen“ beschrieb erstmals der deutsche Theologe Friedrich-Wilhelm Haack, Verfasser des vorliegenden Ratgebers, im Jahre 1974 eine besondere Art religiöser und parareligiöser Bewegungen, die seit Ende der sechziger Jahre in Europa und anderen hochtechnisierten Regionen der Welt auftreten. Der von F. W. Haack geprägte Begriff „Jugendreligionen“ setzte sich in Deutschland zur Bezeichnung von Gruppen durch, die bei teilweise großen inhaltlichen Unterschieden in den Strukturen verblüffende Ähnlichkeiten aufweisen. Die auffälligste Gemeinsamkeit aber ist: Sie sprechen in ihrer Werbung und Arbeitsweise vor allem Jugendliche und junge Erwachsene zwischen 18 und 35 Jahren an; auch in ihren Lehren und ihrer Praxis stellen sie auf infantile Regression ihrer Anhänger ab.

Dazu bieten die Jugendreligionen eine überschaubare „gerettete Familie“ mit einem „Heiligen Meister“ von absoluter, göttlicher Autorität, der mit Hilfe einer jeweils bestimmten Methode, eines „rettenden Rezepts“, die Lösung aller individuellen und universellen Probleme ermöglicht.

Beobachtet wird immer wieder ein drastischer, rascher Persönlichkeitswandel der von den Jugendreligionen angeworbenen Mitglieder. Bei Ausschaltung aller Kritik kommt es zur totalen Hingabe an die Gruppe. Die starken Persönlichkeitsveränderungen und die ethisch-moralischen – zum Teil recht ungewöhnlichen – Neuorientierungen führen immer wieder zu sozialen und familiären Problemen, ja sogar zu Konflikten mit Gesetzen. Der in den USA für diese Gruppen gebräuchliche Begriff der „destructive cults“ kennzeichnet vor allem diese negativen Auswirkungen auf jugendliche Anhänger.

Immer wieder haben fragwürdige Fachleute das Ende der „Jugendreligionswelle“ angesagt. Leider ist nichts daraus geworden. Wie andere Wellen vorher hat auch diese Erscheinung sich nicht aufgelöst und anderen Platz gemacht. Neue Probleme wie der zunehmend gesellschaftlich akzeptierte Okkultismus und Jugendokkultismus sind zwar hinzugekommen. Aber die Jugendreligionen sind nicht abgeebbt, sondern eingesickert in gesellschaftliche Strukturen, haben sich etabliert und rufen jetzt auf ganz neuen Gebieten Reaktionen hervor: Auch Wirtschaftsmagazine berichten inzwischen über die Scientology-Bewegung; Gewerkschaften und Handwerkskammern müssen sich dem Problem stellen, nicht nur Elterninitiativgruppen und Jugendschützer.

Thomas Gandow

Was sind Jugendreligionen?

Rettendes Rezept und Absolutheitsanspruch

Trotz ihrer unterschiedlichen Herkunft und trotz unterschiedlicher Lehren haben die genannten Gruppen sehr große Gemeinsamkeiten. Sie sind alle Nutznießer ein- und derselben Situation und sind auch in ihren Ansprüchen und Zielsetzungen fast gleich. Sie wollen in kurzer Zeit hier auf dem Planeten Erde ohne kosmische Katastrophe ein „Himmelreich" nach eigener Vorstellung errichten, und sie alle sind der Ansicht, daß allein ihr „Weg", ihre Lehre, besser noch: ihr Gründer das Rezept zur Rettung vor dem totalen Chaos darstellt beziehungsweise hat.

Im wesentlichen wenden sie sich von Anfang an an den gleichen Personenkreis; an die geistig beweglicheren und interessierten Jugendlichen des Mittelstandes. Daß diese Altersgrenze und dieser soziologische Rahmen keine Voraussetzung darstellt, sondern öfters auch überschritten wird, liegt auf der Hand.

Es ist aber auffallend, daß von diesen Gruppen besonders Jugendliche und junge Erwachsene im Alter zwischen 15 und 35 Jahren angesprochen werden und ihnen Gefolgschaft leisten. Die Volljährigkeitsgrenze setzt dem Wirken dieser Gruppen allerdings dort eine Schranke, wo Eltern informiert und anderer Ansicht sind.

Doch Beschränkungen auf bestimmte Altersgruppen sind weder von den Gründern noch von den Missionaren der Bewegung vorgeschrieben worden. Sie haben sich anfangs aus der religiösen und gesellschaftlichen Lage ergeben. Die Gruppen können jedoch vor allem den jugendlichen Elan ansprechen, der „alle alten Fehler vermeiden und jetzt alles neu und gut machen" will. Nicht selten werben diese Gruppen auch mit ihrer „jungen Mannschaft" oder der jugendlichen Vitalität ihrer Bewegung.

Ich möchte hier vor allem fünf religiöse Gemeinschaften vorstellen und untersuchen. Alle fünf Gruppierungen sind gegen Ende der sechziger oder Anfang der siebziger Jahre in Mitteleuropa aufgetaucht und haben begonnen, Anhänger zu werben. Sie haben alle in besonderer Weise die öffentliche Aufmerksamkeit erregt.

Diese fünf Gruppierungen sind:

- die „Internationale Gesellschaft für KRSNA-Bewußtsein e. V." (ISKCON) (englisch: International Society for KRSNA Consciousness);
- die Mun-Bewegung mit ihrer „Vereinigungskirche" (VK) sowie CARP und CAUSA;
- die „Sea-Org" (See-Organisation) der „Scientology-Kirche";
- die „Divine Light Mission" (Mission des Göttlichen Lichtes) beziehungsweise „Divine United Organization";
- die „Familie der Liebe/Heaven's Love" (zuvor: „Kinder Gottes/Children of God"), heute unter vielen Tarnnamen wie „Missionare für die Welt", „Der Club", „Missionare für Menschen" usw. wirkend.

Alle diese Gruppen treten als religiöse Gemeinschaften auf, müssen als solche bezeichnet werden und sind es ihrem Wesen nach wohl auch. Sie sind in den siebziger Jahren in der Bundesrepublik ansässig geworden, entstanden um einen als Bringer der absoluten Wahrheit verehrten Gründer, bilden oft strenge Lebensgemeinschaften und wirken ungeheuer anziehend auf Menschen, die sich zur Zeit des Kontaktes mit der Gruppe in einer schwierigen seelischen Lage befinden (Examensangst, Liebeskummer, Streit im Elternhaus, Ehe- oder Berufsprobleme, Depressivität).

Alle fünf Gruppierungen haben vornehmlich in den Ländern der sogenannten westlichen Welt Boden gewonnen. Sie sind in Südafrika, Europa, den USA und Australien in Erscheinung getreten. Kaum jedoch in Pakistan, Sambia oder Ceylon. Sie haben alle fünf, von den USA ausgehend, ihre Erfolge errungen, wenn auch ihre geistigen Quellen zum Teil andernorts zu suchen sind.

Es sollte jedoch gesehen werden, daß die beschriebenen Gruppen Vorboten einer sich noch verstärkenden Welle von neuen Religionen sind, die sich zwar häufig nicht als solche verstehen werden wollen, die sich nicht selten als eine „neue Wissenschaft" oder Lebensmethode darstellen werden, die aber als neue Religionen erkannt und bedacht werden müssen. Auch wenn sie sich nach einer gewissen Anlaufphase oder mit einem besonderen Programm an Ältere wenden, waren ihre Kernmannschaften von Jugendlichen getragen. In ihren Zielen und Grundstrukturen werden sie dem Typus der neuen Jugendreligionen entsprechen. Drei Grundkennzeichen heben die Jugendreligionen aus dem vielfältigen Bild der pluralistischen Gesellschaft heraus:

- Sie behaupten, ein „Rettendes Rezept" zu haben, mit dem sie „jetzt und hier" sowohl die Probleme des Individuums als auch der gesamten Menschheit zu lösen vermeinen. Dabei fällt auf, daß die Versprechen jeweils absolut sind: „vollkommene" Gesundheit, „totale" Freiheit, „absolutes" Glück, „wahrer" Frieden, „wirkliche" Selbstfindung, „unendliche" Erfüllung usw.
- Jeweils ist ein „Heiliger Meister" der Gründer, der, mit hohen Titeln ausgestattet, absoluten Gehorsam fordert und empfängt. Ihn vertritt eine Hierarchie ebenso unumschränkt herrschender Führer, die nach seinem Ableben an seine Stelle tritt. An ihren Entscheidungen ist keinesfalls zu zweifeln oder Kritik anzumelden. Die Hierarchie ist auch eine „Hierarchie des Wissens", so daß die einfachen Mitglieder aufgrund ihres niedrigen „Wissens" keine Möglichkeit zur Kritik gegenüber den Führern und Leitern haben.
- Um die Hierarchie schart sich die Organisation der „Geretteten Familie". Sie ist der dienende Körper der „heilen und geretteten Welt der Zukunft". Ihre Mitglieder vertrauen in absolutem Gehorsam den Weisungen der Führer. Sie fühlen sich als Avantgarde einer neuen Welt, in der sie einst führende Positionen innezuhaben hoffen. Dafür opfern sie alles – nicht selten auch ihr Leben.

Die Anhänger werden einer „Seelenwäsche“ unterzogen, die eine „Psychomutation“, eine tiefgreifende Veränderung der Persönlichkeit, zur Folge hat. Von „moderner Sklaverei“ hat ein sachkundiger Kriminalist gesprochen.

Die Jugendreligionen sind religiös, sozial und politisch gleichermaßen problematisch. Die inzwischen weitverbreitete Kritik an den Gruppen (die in den USA beispielsweise „destructive cults“ – „zerstörerische Kulte“ genannt werden) kommt nicht aus heiterem Himmel. Zu vieles ist geschehen.

Unbeantwortet blieb bislang die Frage eines betroffenen Vaters angesichts der Ansprüche und der „Ergebnisse“ der Jugendreligionen:

„Wo sind denn die Samariter in all den Gruppen? Wo sind denn deren Leistungen zum Erhalt der Menschheit? Wo sind denn die aufbauenden Leistungen? Ohne Ausnahme leben alle von dem großen Kuchen, den andere gebacken haben.

Ob mittels Meditation jemals ein Acker bestellt oder ein Haus gebaut wurde? Wurde je ein Baum mittels Meditation zu Dachsparren verarbeitet? Oder eine Ladung Bauholz mittels Meditation vom Sägewerk zum Bauplatz transportiert?

Was ist das für eine ‚religiöse Revolte‘, für ein ‚Umbruch‘, eine ‚neue Spiritualität‘, wenn mittels überwertiger Ideen, Psychomutation, Seelenwäsche und Süchten Organisationen aufgerichtet werden zum Vorteil weniger?“

Zwölf Jahre sind vergangen, seit diese Fragen gestellt wurden. Sie sind noch zu beantworten.

Merkmale der neuen Jugendreligionen – eine Checkliste für Betroffene

Ständig tauchen neue religiöse Gruppierungen und Sekten auf, täglich drückt uns irgend jemand irgendein „ungeheuer wichtiges“ Flugblatt in die Hand.

Nicht alles, was da sammelt und informiert, wirbt und missioniert, ist gleich gut. Nicht alles muß schlecht sein.

Dennoch: Manche Gruppen können eine Gefahr für die geistige, seelische und körperliche Gesundheit der Mitglieder sein.

Deshalb: Wer sich aus Neugierde oder nur mal so zum Spaß da hineinbegibt, der geht ein großes Risiko ein.

Es gibt Situationen, da ist jeder anfällig.

Eine Elterninitiative hat deshalb eine Checkliste für religiöse/weltanschauliche/ideologische Gruppen zusammengestellt. Sie kann Dir helfen, eine erste Beurteilung vorzunehmen oder vielleicht einen Freund oder Angehörigen vor der „echt guten neuen Gruppe, die ich jetzt zu meinem Glück kennengelernt habe!“, zu bewahren.

Streiche einfach die Behauptungen durch, die auf „Deine“ neue Gruppe nicht zutreffen. – Wenn Du nicht wirklich alle Behauptungen streichen kannst, ist schon Vorsicht geboten!

- Schon der erste Kontakt mit der Gruppe eröffnet Dir eine völlig neue Weltsicht („Schlüsselerlebnis“).
- Das Weltbild der Gruppe ist verblüffend einfach und erklärt wirklich jedes Problem.
- Bei der Gruppe findest Du alles, „was Du bisher vergeblich gesucht hast“!
- Die Gruppe hat einen Meister/Führer/Vater/Guru/Vordenker, der allein im Besitz der ganzen Wahrheit ist und oft wie ein Gott verehrt wird.
- Die Welt treibt auf eine Katastrophe zu, nur die Gruppe weiß, wie man die Welt noch retten kann.

- Die Gruppe ist die Elite, die übrige Menschheit ist krank/verloren – wenn sie nicht mitmacht/sich retten läßt.
- Die Gruppe lehnt die etablierte Wissenschaft ab. Die Lehre der Gruppe wird als einzig „echte Wissenschaft" verstanden.
- Die Gruppe lehnt das „rationale Denken", den „Mind", den „Verstand" oder die „Verkopfung" als negativ/satanisch/unerleuchtet ab.
- Kritik und Ablehnung durch „Außenstehende" ist gerade der Beweis, daß die Gruppe recht hat.
- Die Gruppe bezeichnet sich als die „wahre" Familie oder Gemeinschaft.
- Die Gruppe will, daß Du alle „alten" Beziehungen (Familie, WG, Freundschaften) abbrichst, weil sie Deine „Entwicklung" behindern.
- Die Gruppe grenzt sich von der übrigen Welt ab, zum Beispiel durch
  - Kleidung
  - Ernährungsvorschriften
  - eine eigene „Gruppensprache"
  - Reglementierung von zwischenmenschlichen Beziehungen
- Die Gruppe verlangt strikte Befolgung der Regeln oder „absolute Disziplin", „denn dies ist der einzige Weg zur Rettung!"
- Die Gruppe schreibt Dir Dein Sexualverhalten vor, zum Beispiel:
  - Partnerzusammenführung durch die Leitung der Gruppe,
  - Gruppensexualität oder
  - totale Enthaltsamkeit für einfache Mitglieder
- Du bist keine Minute des Tages mehr allein – jemand aus der Gruppe ist immer bei dir. Ständige kontrolle
- Die Gruppe füllt Deine gesamte Zeit mit Aufgaben aus, zum Beispiel:
  - Verkauf von Büchern und Zeitungen
  - Werben neuer Mitglieder
  - Absolvieren von Kursen
  - Meditationen

- Zweifelst Du / stellt sich der versprochene Erfolg nicht ein oder wirst Du nicht „geheilt“, bist Du selbst schuld, weil Du Dich nicht genug einsetzt / weil Du nicht genug glaubst.
- Mitglied der Gruppe sollst Du möglichst sofort/gleich heute werden.
- Es gibt kaum eine Möglichkeit, sich in Ruhe ein Bild von der Gruppe zu machen: Du sollst nicht erst einmal nachdenken/reflektieren/prüfen, sondern erleben: „Das kann man nämlich nicht erklären, komm doch gleich in unser Zentrum und mach erst mal mit!“

Kommen alle Sekten aus Amerika?

An dieser Stelle muß etwas zu der häufig gehörten Behauptung „Alle Sekten kommen aus Amerika!“ gesagt werden. Sie stimmt weitgehend und ist doch nicht wahr. In den USA sind in der Tat unzählige Sekten entstanden, haben alle möglichen religiösen Gemeinschaften Fuß gefaßt und Anhänger gewonnen. Das liegt jedoch nicht an einer besonderen religiösen Verrücktheit der Amerikaner.

Die Vereinigten Staaten von Amerika sind von religiösen Freiheitssuchern gegründet worden. Menschen, die in ihrer Heimat wegen ihres Glaubens verfolgt wurden, fanden in Nordamerika das gelobte Land zur freien Ausübung ihrer Religion. In der amerikanischen Verfassung hat sich dieser Grundsatz der Religionsfreiheit niedergeschlagen.

Bald machte sich die Alte Welt dies zunutze. Religiöse Querulanten, Andersgläubige, Sektierer, Menschen, die sich in die traditionellen Kirchen nicht einfügen wollten, wurden außerhalb der gesellschaftlichen Ordnung gestellt und mußten auswandern. So wurden die USA eine Art „religiöse Sparkasse“ Europas. Wir bekommen nun von dort mit Zinsen zurück, was wir einst eingezahlt haben.

Das Abendland mit seinen starken Traditionskirchen hatte es sich zu leicht gemacht: Verbote und Ausweisungen traten an die Stelle der religiösen Auseinandersetzung. Sie konnten diese aber niemals ersetzen.

Darüber hinaus wurde Nordamerika auch zum wirtschaftlichen Experimentierfeld der modernen Welt. Es entstand hier zum ersten Male jener Boden, von dem die moderne religiöse Szene lebt: die unübersehbaren Menschenanhäufungen der Superstädte. In den Millionenstädten der amerikanischen Ostküste ist der einzelne Mensch ein Nichts – im Vergleich etwa zu den kleineren Orten des Mittelwestens, wo man sich nachbarschaftlich kennt, oder auch zu den Dorfgemeinschaften, die auch heute noch in Europa bestehen und funktionieren.

Die Basis für das religiöse Leben ist von Region zu Region verschieden. Das Leben inmitten der Natur schafft andere religiöse Bedürfnisse und bringt andere Glaubenserlebnisse mit sich als eine Existenz in Harlem oder in den Superwohnanlagen einer Großstadt.

Die neuen Jugendreligionen sind zuerst in den Straßen der Riesenstädte aufgetaucht. Sie haben dort ihre Anhänger geworben. Sie haben auf die Sorgen und Nöte eines Lebens in der Einsamkeit mitten unter Millionen von Menschen zu antworten versucht, und sie scheinen auch Antworten gefunden zu haben, die für Jugendliche in dieser Umwelt etwas bedeuten.

Auf der anderen Seite zeichnen sie sich alle durch ein besonders gekünsteltes Verhältnis zur Natur aus. Entweder sind sie gegenüber der Natur kalt, wie es nur eine totale Verständnislosigkeit mit sich bringen kann, oder sie sind voll schwärmerischer Romantik.

Die Jugendreligionen sind getreue Kinder der städtischen Massengesellschaft. Ihr Erfolg bei uns zeigt, daß sich Europa auf dem gleichen Weg befindet wie die USA. Diese Sekten kommen nicht „aus“ Amerika, sondern sie wachsen „in“ der Welt der Ballungsräume und Wohnmaschinen – auch bei uns.

Die „Internationale Gesellschaft für KRSNA-Bewußtsein e. V." (ISKCON)

Entstehung und Entwicklung

Die Krisna-Bewegung (die Anhänger selbst schreiben den Namen Krisna meist in der Form „Krsna") wurde im Sommer 1966 in New York gegründet, und zwar von Swami Prabhupada (1895 bis 1977). Sein bürgerlicher Name lautete Abhay Charan De.

„Seine Göttliche Gnade A. C. Bhaktivedanta Swami Prabhupada", so die Verehrungsformel für den „Gründer-Acarya", „verließ 1965 Indien und landete im Safrangewand mit einem Koffer und sieben Dollar allein in New York, um das Krsna-Bewußtsein in eine Welt hineinzutragen, die nur Unpersönlichkeit und Leere kannte."

Mit dieser Feststellung zeigt die Krisna-Zeitschrift „Back to Godhead" (Nr. 19) sehr gut den Ansatzpunkt dieser wie aller anderen religiösen Jugendbewegungen auf: die große Stadt, die als Ort der Leere und Verlassenheit empfunden wird. Swami Prabhupadas erste Anhänger kommen aus der Welt der jugendlichen Randsiedler dieser Großstadtgesellschaft.

„Wie so viele New Yorker in den Zwanzigern hatten wir während der vergangenen zwei oder drei Jahre Bücher über östliche Philosophie und Religion gelesen, Kerzen und Räucherstäbchen heruntergebrannt und Ganja, Peyote und LSD als Meditationshilfe genommen", schildert einer der ersten Anhänger den Kreis, aus dem die Urzelle der Krisna-Bewegung entsteht.

Seelisch Angeschlagene werden auch später die Werbezielgruppe für diese Gruppe sein: den Eltern Entlaufene, Kinder aus gestörten Familien, junge Menschen, die in Schule und Beruf Schiffbruch erlitten haben, Meditations- und Rauschgiftsüchtige. Seine Mission begann der Swami, der 1966 die ISKCON gründete, angeblich einfach damit, daß er, ausgerüstet mit „sieben Dollar" Startkapital, das Mantra (Dauergebet) „Hare Krsna ..." sang. Es lautet vollständig: „Hare Krsna, Hare Krsna, Krsna Krsna, Hare Hare, Hare Rama, Hare Rama, Rama, Rama, Hare Hare."

Hare, Krisna und Rama sind drei hinduistische Gottesnamen. Mit diesem Dauergebet will die Krisna-Bewegung unsere Welt „reinigen" und „das Gottesbewußtsein in unserem materialistischen Zeitalter wiederbeleben". Krisna wird als „der höchste persönliche Gott" verehrt.

1968 schickte Swami Prabhupada von Montreal aus den ersten Krisna-Missionar nach Europa. Ein junger US-Wehrdienstflüchtling, der für das Studium in London 1000 Dollar erhalten hatte, setzte sich und sein Geld 1968 für die Europamission ein. In England von der Einwanderungsbehörde abgewiesen, ging er nach Amsterdam, wurde aber von Prabhupada nach Deutschland beordert. Hier faßte die Bewegung in einigen Universitätsstädten Fuß: Berlin, Hamburg, Heidelberg, München usw. Von 1974 bis 80 wurde das Taunus-Schloß „Rettershof" als „erste deutsche Schule für vedische Kultur und Philosophie und Zentrale der ISKCON" betrieben.

In den USA und Europa hat die Bewegung wohl nie 5000, in Deutschland nie 200 Anhänger auf einmal gehabt. Von den ersten Anhängern sind nur noch wenige bei der Krisna-Gesellschaft. Trotzdem haben die sogenannten Prabhus (Krisna-Anhänger) in kürzester Zeit beinahe soviel Aufsehen erregt wie altgediente Sekten in Jahrzehnten.

Im Januar 1974 wurden in der ISKCON-Zentrale Waffen gefunden, und in einem langdauernden Prozeß wurden führende Prabhus zu erheblichen Geldstrafen verurteilt. Gesammelte Gelder wurden eingezogen. Der Bundesgerichtshof hat die ausgesprochenen Strafen bestätigt und den Revisionsantrag der Angeklagten im Oktober 1979 kostenpflichtig verworfen.

Die ISKCON diffamierte Staat und Kirche als die „wahren Betrüger".

Im November 1977 verstarb Swami Prabhupada in Indien. Seine Nachfolge in der ISKCON traten elf „Successor Gurus" an (Titel „Seine Heiligkeit"). Sie teilten die Welt unter sich auf; heute gehören jedoch nur noch weniger als die Hälfte von ihnen der ISKCON an. Am 11. Oktober 1979 wurde „Seine göttliche Gnade“ Harikesa Swami Maharaja Visnupada als Acarya eingesetzt für: Skandinavien, West- und Ostdeutschland, Schweiz, Österreich, Ungarn, Polen, CSSR, Jugoslawien, Bulgarien, Rumänien, UdSSR, Libanon, Ägypten sowie Syrien, Jordanien, die Arabischen Emirate, Kuweit und Bahrain. Im gleichen Jahr erwarben drei Mitglieder, die sich als „Kaufmann, Landwirt und Gärtner“ ausgaben, in Zielberg (Nr. 21) einen Bauernhof mit Pension, der inzwischen zu einer Art ISKCON-Festung als deutsche Zentrale umgerüstet wurde.

Wie leben die Krisna-Anhänger?

Wer in die „Internationale Gesellschaft für KRSNA-Bewußtsein e. V.“ eintritt, ändert sein Leben radikal. Er verläßt sein Elternhaus, seinen Beruf, seine Schule, seinen Freundeskreis und erhält statt seines bisherigen Namens einen Krisna-Namen. Etwa Hansadutta, Suchandra Das adhicari, Himavati, Hari Priya usw. Dieser neue Name soll die völlige Zugehörigkeit zum Krisna-Bewußtsein zeigen.

Absoluter *Vegetarismus* gehört zu den Grundgeboten. Es dürfen auch keine Eier oder mit Eiern zubereitete Speisen genossen werden. Also kein Kuchen, keine Eiernudeln, überhaupt nichts, was aus derartigem tierischen Eiweiß hergestellt worden ist. Dieser Ernährungsradikalismus ist ungesund, zumal er von einem Tag auf den anderen eingeführt wird, wenn jemand sich der Krisna-Gemeinschaft zuwendet. Es wird viel Süßes gegessen. „Krisna liebt Süßes.“ Die Anhänger leben ohne jeden eigenen Besitz in Unterkünften, von denen ein Raum als „Tempel“ dient. Sie sind spärlich möbliert. Männer und Frauen leben in getrennten Bereichen. Verheiratete können in einem gemeinsamen Raum wohnen, wenn er vorhanden ist.

Der Tagesablauf besteht aus ständigem „Chanten“ und „Samkirtan“. Unter *Chanten* verstehen die Krisna-Leute das immer und immer wieder vollzogene Absingen des „Hare Krisna"-Verses. Mindestens 1728mal täglich soll jeder Krisna-Geweihte diesen Vers aufsagen. Er soll sich dafür einen Rosenkranz mit 108 Perlen anfertigen und ihn mindestens 16mal pro Tag laut absingen. (Der Rosenkranz hat noch eine weitere sogenannte „Hauptperle", auf der aber nicht gechantet wird.) Schon gleich nach dem Aufstehen, gegen vier Uhr früh, wird die „erste Runde gechantet": 108mal „Hare Krsna, Hare Krsna, Krsna Krsna, Hare Hare ..."

Unter *Samkirtan* verstehen die Jüngerinnen und Jünger des Swami Prabhupada das öffentliche Tanzen und Singen zu Werbe- und Geldsammelzwecken. Wegen ordnungsrechtlicher Kontrollen arbeiten sie dabei ab und zu auch mit Perücken und in unauffälliger Kleidung. Nicht selten nimmt gerade das Anbieten von Schriften und Schallplatten den größten Zeitraum ein. Es gibt regelrechte Schulungen, wie man die „Karmis" (das sind die Außenstehenden beziehungsweise Nichtmitglieder) zu Spenden bewegt. Die durchschnittlichen Sammelergebnisse eines Krisna-Tänzers lagen in Deutschland zeitweise pro Tag bei 500 bis 600 DM, an besonderen Orten und zu bestimmten Zeiten überstiegen sie 1000 DM.

Für die jungen Leute ist der immer fließende Geldstrom eine religiöse Bestätigung für die Richtigkeit ihres Tuns: „Krisna segnet uns, Sie sehen es doch."

Eine Mutter, deren Sohn lange Zeit Mitglied der Krisna-Gesellschaft gewesen ist und die selber in einem ihrer Tempel gelebt und „den armen jungen Leuten" geholfen hat, schrieb folgenden Brief:

> „Ich habe die Krisna-Leute des öfteren auf der Straße begleitet und festgestellt, daß die meisten Menschen, ohne die Hintergründe zu kennen, diesen arm aussehenden Mönchen zum Teil sehr viel Geld geben. Ein Krisnamönch nimmt bis zu 500 DM an einem Tag ein. Das Geld muß alles an den Präsidenten (Krisnaboß) abgeliefert werden. Die Mönche bekommen nur ein ärmliches Essen und kaum etwas zum Anziehen.

Diese jungen Menschen kommen alle aus großer Enttäuschung oder irgendeiner Verzweiflung zu dieser Sekte und glauben, in dieser Gemeinschaft alle Probleme gelöst zu haben. Leider kommen die meisten Jugendlichen erst zur Besinnung, wenn es zu spät ist.

Die Erfahrung, die ich mit den Krisna-Angehörigen gemacht habe, die wieder in die Freiheit gekommen sind, ist furchtbar. Sie sind weltfremd und durch das Leben im Tempel, das ja fast alles verbietet, hilflos geworden wie ein kleines Kind. Durch eigene Erfahrung weiß ich, daß ein Jugendlicher, wenn er wieder herauskommt aus dem Tempel, mindestens so viel Hilfe braucht wie einer, der süchtig ist.

Darum bitte ich alle Menschen, die den Krisnaleuten begegnen, kein Geld mehr zu geben. Diese Jugendlichen müssen dann einer Arbeit nachgehen und würden beim Verlassen des Krisna-Tempels nicht so hilflos dastehen. Wenn es Ihnen möglich ist, in diesem Sinne sich für die Angehörigen der Krisnajugendlichen zu verwenden, glaube ich, daß Sie damit nicht nur uns Angehörigen, sondern hauptsächlich den armen jungen Menschen im Tempel helfen können ...“

Dies schreibt eine einfache Frau, die durch den Eintritt ihres Ältesten in die Krisna-Gesellschaft viele Sorgen hatte und die doch noch die Kraft gefunden hat, sich für junge Menschen einzusetzen. Einigen hat sie durch persönliche und materielle Unterstützung geholfen, die Krisna-Gesellschaft zu verlassen. Ihr Brief ist vor allem deshalb so wichtig, weil er auf ein besonderes Problem hinweist: In vielen Fällen sind die Angehörigen der modernen Jugendreligionen „draußen“ lebensuntüchtig geworden. Bei der Krisna-Gesellschaft ist dies in besonderem Maße der Fall.

Ulfert M., ein ehemaliges Mitglied der ISKCON, geriet gerade durch die Geldfrage in einen seelischen Zwiespalt:

„Als ich ohne Vorkenntnisse im Tempel mit der ‚Buchführung‘ beauftragt wurde, wurden bei mir schwere Zweifel wach. Die Summen, die jede Woche von den fahrenden Sammeltrupps,

> aus dem Schriftenverkauf, durch andere Handelsgeschäfte und durch Barspenden hereinkamen, waren immens ...
> Dann gab es ständige Überweisungen nach den USA, es wurden neue Werbeschriften für dieses Geld gedruckt und der Swami Prabhupada bekam wertvolle Geschenke ... Die hungernden Kinder in Indien bekamen keine müde Mark davon."

Das Leben eines ISKCON-Mitgliedes ist streng geregelt. Verbote gelten auch für Kinder. „Unnötige Spiele" und sportliche Betätigung sind verpönt. Jede Art von „Energieverschwendung" außer im Dienst für Krisna ist untersagt. Das bezieht sich auch auf die Sexualität.

Sexualität

Sexualität gehört für die Krisna-Anhänger zu den „vier Prinzipien des Daseins: Essen, Schlafen, Sexualität, Verteidigung". Einen hohen Rang nimmt sie trotzdem nicht ein.

> „Wie wir die Elektrizität kontrollieren, indem wir das Licht je nach Bedarf ein- und ausschalten, so kann auch alles im Dienste Krisnas benutzt werden – auch die Sexualität", lehrte einer der Nachfolger des Swami Prabhupada: „Zweck der Ehe ist es, gute Kinder zu zeugen ... Das ganze System der Ehe besteht darin, Sexualität so weit wie möglich zu vermeiden."

Nur einmal monatlich, wenn die Zeit für die Empfängnis am günstigsten ist, ist den Ehepaaren der Verkehr erlaubt. Vom Zeitpunkt der Empfängnis an bis zum sechsten Monat nach der Geburt des Kindes ist er gänzlich untersagt. Dies soll hier ganz deutlich herausgestellt werden, weil das Leben in religiösen Kommunen nicht selten unter Verdächtigungen durch Außenstehende leidet, die solchen Gruppen orgiastische Ausschweifungen nachsagen.

So wie alle körperlichen Regungen stark eingeschränkt werden sollen, kennen die Krisna-Geweihten auch keine Zärtlichkeit. Als „ansteckende Hautkrankheit" hat Swami Prabhupada die Zärtlichkeiten zwischen Verwandten bezeichnet. Besonders kleine Kinder können darunter leiden.

Die Einstellung der Krisna-Bewegung gegenüber Frauen kommt in einem Wort des verstorbenen Gründers über die Frage der Sexualität zum Ausdruck:

> „Wenn die Männer mehr Geschlechtsverkehr haben, verlieren sie die Kraft, ein männliches Kind zu zeugen … Wenn das Geschlechtsleben nicht eingeschränkt wird, gibt es soviel Übles. Jetzt können wir die Nachteile tatsächlich sehen: Impotenz, keine Heirat und erhöhte weibliche Bevölkerung … Die Verschwendung von Samen verringert die Intelligenz."

Frau hat niedrige Stellung → Geburt eines SOHNES

Was glauben die Krisna-Anhänger?

„Krisna-Bewußtsein ist die Wissenschaft der Gottvergegenwärtigung", heißt es in einem Werbeflugblatt der „ Internationalen Gesellschaft für KRSNA-Bewußtsein (ISKCON) e. V.". Das gesamte Leben in der ISKCON wird von den Mitgliedern darum als ständiger Gottesdienst verstanden. Das Flugblatt erklärt weiter:

> „Um in der heutigen Zeit, dem Kali-Zeitalter (dem Zeitalter der Heuchelei und des Zanks), frei zu werden, schreiben die heiligen Schriften das ständige Singen der heiligen Namen Gottes vor. Da Gott oder Krisna absolut und allmächtig ist, besteht kein Unterschied zwischen ihm und Seinem Namen. Deshalb ist Er in Seinem Namen. Gott ist allgegenwärtig, und so ist er auch in Seinem Namen. Die Aussprache des Namen ‚Krisna' stellt eine überweltliche Lautschwingung her. Durch diesen einfachen Vorgang des Singens der absoluten Namen Gottes, wie sie im Maha Mantra, dem großen Mantra, enthalten sind – Hare Kris-

na, Hare Krisna, Krisna Krisna, Hare Hare – findet man Vollendung in diesem Leben."

Eine der Gottesgestalten des Krisna-Glaubens ist der vierarmige, löwenköpfige und scharfkrallige Sri Nrsimhadeva. Nur für die „Gottgeweihten" sei er nicht furchterregend. Im Gegenteil, er schütze sie gegen alle Dämonen und Feinde. Um ihn rankt sich eine Fabel, die seine Macht und Gefährlichkeit zeigen soll.

Ein ehemaliges ISKCON-Mitglied schreibt darüber:

„Ich halte diese Geschichte für äußerst wichtig, denn sie wird fast jeden Tag in den Lectures erwähnt, und es wird den Mitgliedern immer und immer wieder eingeschärft, daß sie sich in Gefahrensituationen auf der Straße nur an Sri Nrsimhadeva erinnern brauchen, der die Dämonen vernichtet oder unschädlich macht. Das ist die Ursache der Furchtlosigkeit der Hare-Krsna-Leute. Wenn Sri Nrsimhadeva mit dem mächtigsten Dämonen des Universums, Hiranyakasipu, fertig wird, dann wird es für ihn ein Leichtes sein, einen Polizisten, einen Richter oder Pfarrer Haack unschädlich zu machen."

In Indien ist ein Götterbild dieses Löwen-Gottes für den Tempel in Zielberg hergestellt worden. „Diese Farm soll dann die Fluchtburg der Gottgeweihten im Krieg werden oder bei sonstiger Gefahr durch ‚Dämonen'." Sollten Nichtmitglieder auf den Gedanken kommen, mit dieser „Krisna-ist-überall"-Lehre Ernst zu machen und auf eigene Faust den Krisna-Mantra zu „chanten", müssen sie sich von der ISKCON belehren lassen: „Soweit wie möglich sollte das ‚Chanten' vom Munde Nicht-Gottgeweihter vermieden werden. Milch, die vom Munde einer Schlange berührt wurde, hat giftige Nachwirkungen."

Der Krisna-Glaube der ISKCON ist ein Selbstbefreiungsglaube. Durch das ständige Singen der Gottesnamen könne sich der Mensch selbst befreien, glauben die Krisna-Jünger. Diese Befreiung ist für sie auch Befreiung aus dem Kreislauf der Geburten und Tode, der ständigen Wiederverkörperungen, an den sie glauben. Nach der Krisna-Lehre kann man auch in einem Tierleib wiederverkörpert werden. Die Wiederverkörperungslehre (die Seele gehe nach dem Tod wieder in einen anderen Körper ein) und der damit zusammenhängende absolute Vegetarismus sind eine Folge des Glaubens, daß der Mensch als Geistseele ein „wesentlicher Bestandteil Gottes" sei.

Alle anderen Krisna-Lehren sind demgegenüber zweitrangig. Etwa dies: Es gäbe „8 400 000 verschiedene Lebensarten ... 900 000 Arten des Lebens im Wasser ... 400 000 verschiedene Arten menschlicher Körper", von denen 399 994 auf anderen Planeten leben sollen. Die Krisna-Verehrung der ISKCON ist in erster Linie eine gelebte und durch Erleben verbreitete Religion. Es fehlt ihr sehr viel von der ansonsten für östliche Religionsgruppierungen typischen verinnerlichten Frömmigkeit. Sie ist, wie dies bei allen anderen Jugendreligionen ebenfalls festzustellen ist, mehr von einem Aktivismus geprägt, der die Welt verändern will.

> „Das Krisna-Bewußtsein fabrizieren wir nicht selber durch irgendwelches intellektuelles Spekulieren. Es ist die Unterweisung der Bhagavad-gita, die besagt, daß wir ohne jeden Zweifel zu Krisna zurückkehren werden, wenn wir für Krisna denken, für Krisna chanten, für Krisna leben, für Krisna essen, für Krisna sprechen, für Krisna hoffen und für Krisna uns erhalten. Das ist die Substanz des Krisna-Bewußtseins."

Der Prabhu (Krisna-Jünger) empfange als Lohn schon jetzt das „transzendentale Glück", für das es acht Zeichen gebe:

„1. sprachloses Innehalten, 2. Schweißausbruch, 3. Sträuben der Körperhaare, 4. Brechen der Stimme, 5. Zittern, 6. Ohnmacht, 7. ekstatisches Weinen, 8. Trance."

Von intellektueller Spekulation ist hier wirklich nichts zu finden. Wie bei allen anderen modernen Jugendreligionen ist auch die Krisna-Religiosität Erlebnisreligiosität.

Zum Glauben der ISKCON-Anhänger gehört jedoch auch die Einordnung der Gesellschaft in das „Varnasrama" genannte Kastensystem, das der für Mitteleuropa zuständige Guru Harikesa

Visnupada in einem eigenen Buch als „transzendentales Gesellschaftssystem“ begründet hat. Tatsächlich werden intern auch die Mitglieder den einzelnen hier beschriebenen Kasten zugeordnet.

Dieses System kritisiert ein Vertreter der Unberührbaren Indiens mit den Worten:

> „Die ‚Karma-Theorie‘ ist eine brauchbare Philosophie für die besitzenden Klassen. Warum sind sie reich? Aufgrund ihrer zahllosen guten Taten in ihrem früheren Leben. Warum sind die Armen arm? Weil sie zahllose Verbrechen begangen haben.“

Es ist ein System politischer Unterdrückung. Führer der Krisnageordneten Welt sollen die sogenannten Vaisnava-Acaryas sein. Sie sollen durchsetzen, was Visnupada als Wunsch seines Gottes ausgibt: „Der Höchste Herr wünscht die Einführung Seines vollkommenen Gesellschaftssystems (Varnasrama-dharma) als Standardform für die menschliche Gesellschaft.“

Das „einfache Volk“ werde sich „von ihnen angezogen fühlen und ihnen folgen“, da „ein intelligenter Mensch einsehen (wird), daß es wenig bringt, sich sein begrenztes Gehirn zu zermürben und andere Methoden der Klassifikation (als das Kastensystem) zu entwickeln.“ Die Vaisnava-Acaryas werden ihrerseits „geeignete Menschen darin ausbilden, die Gesellschaft zu leiten und zu regieren.“

Unter der ersten Kaste der alles und vor allem die Medien dirigierenden Brahmanen wirken in der Krisna-Gesellschaft die Ksatriyas als Beamte, Militär und Polizei. Sie sorgen dafür, daß unbelehrbare Systemgegner ins Gefängnis kommen, daß die Städte die Einwohnerzahl von 50 000 nicht überschreiten (Überzahlen werden durch zwangsweise Umsiedlung abgebaut), und sie führen als Nuklear-Ksatriyas moderne Kriege. Visnupada: „Was sollen dumme und sentimentale Ideale wie ‚leben und leben lassen‘ in einer Welt, die ihre selbstzerstörerischen Neigungen klar gezeigt hat?“

Die Vaisyas (Händler) haben für die oberen Kasten zu sorgen und die untere Kaste der Sudras zu kommandieren. Letztere stellen den „größten Teil der Bevölkerung" dar. Sudras werden von hemmungsloser Sexualität getrieben. Um ihre „lüsternen Verlangen" befriedigen zu können, arbeiten sie „Tag und Nacht". Außerdem fühlen sie sich „zum Essen verbotener, abscheulicher Dinge, wie Fleisch, Fisch und Eier, hingezogen, und ganz besonders zu gegorener und fauler Nahrung. Der Sudra ist süchtig nach Wein, Whisky, Bier, Zigaretten und Zigarren, und oft ist er drogenabhängig."

Immerhin wird hier über die Hälfte der Bevölkerung so geurteilt. „Unter der Aufsicht von jemand anderem" zu sein, entspricht der „natürlichen Neigung" der Sudras. Da hat Demokratie keine Chance. Das ISKCON-System ist das einer autoritären Theokratie.

Warum gehen junge Menschen zur Krisna-Bewegung?

Die Krisna-Bewegung verlangt absoluten Gehorsam und widerspruchsloses Einfügen in die bestehende Gruppenordnung. Die Leiter haben die höchste Autorität, und die örtlichen Gruppenführer („Tempelpräsidenten") verkörpern diese Autorität gegenüber ihren Untergebenen.

Die religiösen Regeln und vor allem die Lehren mögen dem Außenstehenden absurd vorkommen. Trotzdem werden sie befolgt und geglaubt. Es kommt einem eigenartig vor, wenn junge Abendländer vor den bunten Bildern indischer Gottheiten auf den Fußboden fallen oder verzückt die religiösen Mahlfeiern genießen. Das sogenannte „Prasadam"-Mahl wird zu Ehren Krisnas genommen. Es ist eine Art Krisna-Kommunion.

Zu fragen wäre, ob diese Jugendlichen nicht tatsächlich eine Art Befreiung erlebt haben. Eine Befreiung aus der Unverbindlichkeit und Autoritätslosigkeit, eine Befreiung aus einer Reli-

Erklärung:

gion, die nicht fordert und auch nichts Wirkliches zu bieten scheint. Bewegungen wie die ISKCON und auch die anderen neuen Jugendreligionen können unter anderem als Protest gegen eine unverbindliche, rationalistische und autoritätslose Welt verstanden werden. Zu dieser Welt gehören auch die christlichen Kirchen.

Die ISKCON zeigt ihren Anhängern scheinbar einen Weg aus der Ziellosigkeit und bietet im „rettenden" Mantra-Gesang des „Hare Krsna, Hare Krsna ... eine – wenn auch illusorische – Welt- und Seelenrettungsmethode an. Man darf auch nicht außer acht lassen, daß die ISKCON sich als „alternative Bewegung" darstellt und damit bei Jugendlichen Anklang findet.

Beurteilung der ISKCON aus christlicher Sicht

In den Tempeln der Krisna-Bewegung gibt es Götterbilder, die angebetet werden. Swami Prabhupada, von seinen Anhängern selbst mit dem Titel „Seine Göttliche Gnade" verehrt, ließ die Devoties (Gläubigen) der Krisna-Bewegung vor den „Bildgestalten" chanten und tanzen. Nach biblischem Verständnis ist das Götzendienst. Im Vorwort zu dem Buch mit dem bezeichnenden Titel „Christus, Krischto, Krisna" sagen die Herausgeber (ISKCON, Schloß Rettershof): „Wir müssen verstehen, daß die Lehre Christi und die Krisnas ein und dieselbe ist." Das stimmt nicht.

Bei der ISKCON handelt es sich klar erkennbar um eine nichtchristliche religiöse Bewegung. Sie gehört dem Hinduismus an. Ihre Gottesvorstellung ist mit dem christlichen Glauben unvereinbar. Zwar wird Gott als „Person" (Krisna) verstanden, jedoch nicht im gleichen Sinne wie in der Bibel. Diese Krisna-Gottheit existiert angeblich in allen Lebewesen.

Swami Prabhupada: „Alle Lebewesen sind Teile Gottes, wie der Finger Teil des ganzen Körpers ist." Letztlich ist dieser „persönliche Gott" die Summe aller Lebewesen, von denen es nach Swami Prabhupada „8 400 000 Arten" gibt.

Auch die Lehre vom Menschen als Teil der Gottheit, der Wiederverkörperungsglaube und die Selbstbefreiungsidee sind mit dem christlichen Glauben ebenso unvereinbar wie die extreme Lebens- und Körperfeindlichkeit.

Dabei muß gesehen werden, daß gerade die harten religiösen und asketischen Forderungen junge Menschen anzusprechen scheinen. Sie haben ihre Quelle in dem festen Autoritätsglauben an den als gottähnlich verehrten Gründer und an die Führer der ISKCON. Prabhupadas Äußerungen, niedergelegt in Schriften und Tonaufzeichnungen, haben absolute Gültigkeit. Es muß darauf hingewiesen werden, daß ein ISKCON-Mitglied sich völlig vom christlichen Glauben gelöst hat.

Auch das in der ISKCON propagierte und teilweise schon gelebte Kastensystem widerspricht dem christlichen Glauben voll und ganz.

Es ist auch nicht zu übersehen, daß die Krisna-Bewegung neben der Ananda Marga die Gruppe ist, in deren Umfeld man die höchste Rate an Gewaltkriminalität findet. Rauschgift- und Waffen-, Mord- und andere Delikte sind immer wieder zu verzeichnen. Selbst führende Personen waren darin verwickelt.

Die Mun-Bewegung mit „Vereinigungskirche e. V." (VK) und „CARP"

Entstehung und Entwicklung

Die Mun-Bewegung verfolgt das Ziel, den 1920 geborenen Koreaner San Myung Mun als Messias (oder „Herrn der Wiederkunft") zu propagieren und unter seinem Zepter die gesamte Welt zu „vereinigen" sowohl was die Weltreligion als auch die Weltwirtschaft, die Weltwissenschaft, die Weltkultur und vieles andere mehr betrifft.

Sie tritt unter vielen Bezeichnungen auf und verbirgt sich hinter einer fast unübersehbaren Anzahl von Aktivitäten. Als eine Art Dachorganisation kann die „Unification Church International" (UCI) angesehen werden. Ursprünglich wurde diese in Korea zuerst begründete Religionsgemeinschaft „Tong-Il Kyo" (Vereinigungs-Bewegung oder -Gemeinschaft), oder englischsprachig „Holy Spirit Association for the Unification of World Christianity" (Heilig-Geist-Gesellschaft für die Vereinigung des Weltchristentums), in ihrem Heimatland bekämpft. Doch bald gehörte sie zu den treuesten Verbündeten der dortigen Regierung. In Österreich trat sie als „Neue Mitte" (unter diesem Namen wurden auch politische Aktivitäten gestartet) oder „Neue Aktivität", in Kanada unter dem Namen „Unified Family" (Vereinigte Familie) auf. Eine unübersehbare Zahl von Tarnorganisationen wie „CARP", „CAUSA", „Professors World Peace Academy", „Assembly of the World Religions" usw. soll Muns Einfluß in der Welt verstärken helfen.

Politisch wurde bisher ein extrem kämpferischer Antikommunismus vertreten, der nur die Unterwerfung der gegnerischen Seite kennt, obwohl die politischen Vorstellungen und das Verhalten der Bewegung Außenstehende und ehemalige Mitglieder selbst stark an Kommunismus erinnern.

Werber der Mun-Religion treten auch unter folgenden Bezeichnungen auf: I.O.W.C. (International One World Crusade); I.C.F. (International Cultural Foundation); I.F.A. (International Family Association); W.S.C. (World Students Conference); „Free Press International"; I.C.U.S. (International Conferences on the Unity of the Sciences); Aktion „Home church", usw. Zeitschriften wie die „Washington Times" und Wirtschaftsunternehmen wie der „Tong Il"-Konzern gehören neben Hunderten anderer Institutionen und Firmen zum Mun-Imperium.

San Myung Mun (Moon)

San Myung Mun, in koreanischer Sprechweise „Mun Szonn Mjonng", wurde 1920 in Chongiy, Provinz Pyongan, im heutigen Nordkorea geboren. Der (nur für VK-Mitglieder bestimmte) Lebenslauf kommentiert dieses Ereignis:

> „An diesem Tag wurde einem Menschen das Leben geschenkt, dem der göttliche Auftrag für die schwierigste Aufgabe der Geschichte bestimmt war – die Welt zu erneuern. Die Geschichtsschreibung wird jenen Tag als den Beginn eines kosmischen Übergangs kennzeichnen."

Schon als kleiner Junge habe er außergewöhnliche Eigenschaften gezeigt:

> „Höchst ungewöhnlich war auch sein unbeugsamer Wille, dem selbst seine Eltern hilflos gegenüberstanden. Er nahm den geringsten Akt von Ungerechtigkeit umgehend wahr und zeigte seinen Zorn und Unwillen besonders dann, wenn er sah, daß Erwachsene unschuldige Kinder ausnutzten. Er warf sich dann auf den Boden und schlug weinend seine Arme und Beine auf den Fußboden. Obgleich er am Körper Quetschungen erlitt und blutete, zeigte er kein Zeichen des Nachgebens, bevor nicht die Schuldigen die Berechtigung seiner Proteste eingesehen und ihre Fehler wiedergutgemacht hatten."

Diese seelisch krankhafte Verhaltensweise, mit der Klein-Mun seinen Willen durchsetzt (und welches Kind würde seine eigene Ansicht nicht für richtiger halten als die der Umwelt), wird von den Anhängern als ein Zeichen der Größe umgedeutet. Ebenso seine Weinanfälle, vermutlich hysterischer Art, die er als junger Mann des öfteren hatte.

> „Vielfach waren seine Augen so angeschwollen, daß es selbst seinen nächsten Angehörigen schwerfiel, ihn zu erkennen. Seine Tränen flossen in solcher Menge, daß sie manchmal die dikken Matten durchweichten, die im Osten den Fußboden bedeckten, und durch die Decke in das darunterliegende Geschoß hinabtropften."

Das wird in seinem Lebenslauf folgendermaßen erklärt:

> „Er beweinte das Leid Gottes, er vergoß die Tränen der leidenden Menschheit. Es waren die göttlichen Tränen, die als Entschädigung dienten und das trauernde und einsame Herz Gottes trösteten."

Mun scheint sich um 1930 mit seiner Familie einer kleinen, christlich ausgerichteten Gemeinschaft angeschlossen zu haben. Um 1946 war er einem „Israel-Orden" beigetreten, dessen Großmeister sich für den Messias gehalten hat. In der Lehre dieses Ordens scheint Korea als erwähltes Land und Volk an die Stelle des historischen Israels getreten zu sein. Es gibt Anzeichen dafür, daß wesentliche Teile der Mun-Lehre diesem „Israel-Orden" und anderen koreanischen Sekten entnommen sind.

Mun wird in Phyongyang 1946 (?) zum erstenmal verhaftet. 1948 wird er zum zweitenmal verhaftet und für längere Zeit inhaftiert. In der Zeitung „The New York Times" vom 16.9.1974 werden dafür folgende Gründe angegeben:

> „Einige von Muns früheren Bekannten aus Korea beteuern, daß seine erste Verhaftung durch die Kommunisten begründet wor-

den ist mit dem Vorwurf der ‚Zerrüttung der sozialen Ordnung', besonders durch sexuelle Promiskuität. Seine zweite Verhaftung, wird gesagt, geschah wegen Wiederverheiratung ohne Scheidung von seiner zweiten Frau. Seine gegenwärtige Frau ist die vierte, laut Quellen aus Seoul – nicht seine zweite, wie es durch einen Sprecher der Kirche berichtet wurde."

Die Zeit nach der zweiten Verhaftung verbringt Mun in einem Arbeitslager, wo er laut gruppeninternem Lebenslauf unzählige Wunder vollbracht haben soll. Sogar eine Auszeichnung durch die kommunistischen Behörden soll er (vermutlich wegen Übererfüllung des Arbeitssolls) bekommen haben.

1950 wird er durch den Koreakrieg befreit. 1954 läßt sich seine damalige Frau von ihm scheiden. Im gleichen Jahr gründet er seine „Kirche", deren ersten Missionar er 1958 nach Japan schickt.

Mit seiner 22 Jahre jüngeren Frau Han Hak Ja, die er 1960 geheiratet hat, läßt er sich jetzt als „wahres Elternpaar" verehren, als „neuer Adam und neue Eva, ihre Kinder als Erstlinge einer neuen, vollkommenen Welt". Auch finanziell wird er erfolgreich. Das Magazin Time berichtete schon 1973, daß seine Geschäfte mit Ginseng-Tee (Marke „Il Hwa"), Titanium, Luftgewehren usw. ihm Millionen Dollar eingebracht haben.

Am Anfang stand als Muttergründung des Imperiums noch eine religiöse Gemeinschaft, die SAE GAE (Welt) DI DOG KYO (Christenheit) TONGILL (Vereinigung) SIN HYUNG (Heiliger Geist) HYUP WE (Verein). In der Bundesrepublik nannte sich die Organisation dementsprechend zuerst „Gesellschaft zur Vereinigung des Weltchristentums".

Der noch genauer übersetzte englische Name Holy Spirit Association for the Unification of World Christianity wurde ebenso durch die Kurzform Unification church abgelöst wie der deutsche Erstname durch den Begriff der Vereinigungskirche.

Schon die zweite feststellbare Gründung ist eine Firma. Im Dezember 1959 wird die Yeohwa Shotgun gegründet, eine Firma, die mit der Produktion von Luftgewehren beginnt und die, 1976 zur Börse zugelassen, heute als Tong Il Company LTD firmiert.

Diese Firma ist ein wichtiger Partner der südkoreanischen Armee, der sie durch Waffenproduktion dient. Die Firma hat sich inzwischen längst zu einem Konzern von erstaunlichen Ausmaßen mit Schwergewicht in der Maschinenbaubranche entwickelt.

1961 wird eine politische Organisation gegründet, The international Federation for Worldpeace and Unification (IFWU), in Deutschland bekannt als Föderation für Weltfrieden und Vereinigung e. V. Es scheint, daß spätestens seit dieser Zeit der politische Arm des Mun-Imperiums das Ganze dirigiert. Nach ihm scheinen sich Aktivitäten des gesamten Imperiums zu richten. Und das gilt gleichermaßen für den Bereich des Geschäftlichen, des Kulturellen und des Religiösen.

1962 gründet Mun das koreanische Kinder-Ballett „The little Angels" und im gleichen Jahr die Studentenorganisation „The Collegiate Association for the Research of the Principles", bekannt geworden unter der Abkürzung CARP. Diese Organisation wird später eine der wichtigsten Missionsgruppierungen des Mun-Imperiums.

Ebenso konsequent hat sich das Mun-Imperium auf dem Mediensektor etabliert. Die Gründung eigener Zeitungen wie der Washington Times, der New York Tribune, der Ultimas Noticias in Uruguay, der Middle East Times und anderer gehört ebenso dazu wie eine Vielzahl von Magazinen, darunter The World & I, The Unification Thought Quarterly, Insight und andere und schließlich die World Media Association und die Word Media Conferences. Der Meinungsmacht-Sektor spielt im Mun-Imperium eine bedeutende Rolle.

Eine besondere Möglichkeit, sich Einfluß zu sichern, sind die von der Mun-Bewegung gesponserten Konferenzen. Tausende von Wissenschaftlern, Politikern, Geistlichen und Personen des öffentlichen Lebens haben Muns (kaum absichtslose) Gastfreundschaft genossen. Oft unter erheblichen Zuwendungen seitens der Gastgeber. Besonders viel ist Mun an der Beeinflussung von Regierungen und Regierungsvertretern gelegen. Sie werden immer wieder zu Konferenzen eingeladen. Zu diesen Konferenzen gehören die ICUS, die New ERA und God: The Contemporary Discussion-Conferences, die World Media- und Causa-Konferenzen und andere. Enorme Beträge werden für diese Form der Mission ausgegeben.

Ihr Zweck ist es weniger, den „Wahren Eltern“ neue „Kinder“ zu gewinnen, sondern vielmehr, „Vaters“ Namen zu verherrlichen und vor allem seine Macht und seinen Einfluß zu vergrößern.

Während Mun über extreme Mittel und Möglichkeiten verfügt, leben die einfachen Mun-Anhänger eher extrem bescheiden.

Der „Marsch nach Moskau“

1980 stellt Mun fest:

> „1976 habe ich erklärt, daß die nächste Rallye in Moskau stattfinden wird. Moskau ist ein überaus prophetischer Name. In Englisch klingt es wie ‚must go‘, Moskau bedeutet: ‚must go‘. Irgendeine Nation und irgendwelche Leute müssen nach Moskau gehen. Willst Du gehen?“ und
> „Mein Ziel ist Moskau und die Befreiung der kommunistischen Welt. Wenn ich das Königreich (Gottes in) der freien Welt errichte, wie kann Moskau mich zurückweisen?“

Mun ist überzeugt:

> „Die demokratische Welt hat keinerlei Führung, und wir müssen sie führen.“

Im April 1990 erscheint für die Mun-Jünger das politische Himmelreich auf Erden endgültig der Verwirklichung nahe.

Moskau ist das Ziel seiner Bestrebungen. Das hatte Mun seinen Anhängern immer wieder eingehämmert. So hatte er sich schon in der Rede „The Age of Judgement and Ourselves“ (vom 21.11.1976) über seine Expansionsvorstellungen geäußert:

> Nicht Amerika ist das Ziel. Die Welt ist das Ziel (...), der Name ‚Moskau' klingt ungeheuerlich, ist es nicht so? (...) Wenn die Kommunisten die Vereinigungskirche mit Waffen zerstören wollen, werden auch wir mit Waffen kämpfen müssen (...) Nichts kann diese Bewegung aufhalten."

Und am 23.2.1977 unter der Überschrift „Today in the Light of Dispensational History" offenbarte er:

> „Das ist der Grund, warum Gott mich nach Amerika gesandt hat. Gott bat mich, Amerika zu erhalten, Amerika mit Asien verbunden zu halten, um seine Segnungen für die ganze christliche Welt wiederherzustellen und dann die Kommunisten zu befreien. Das ist Gottes Auftrag."

Dazu ist Mun jedes Mittel recht. Vor allem das der Unterwanderung der Welt mit Hilfe von Zweig- und Tarnorganisationen des Mun-Imperiums.

Mun dürfte seinem Ziel, für dessen Erreichung er in seiner Lehre sogar die Notwendigkeit eines dritten Weltkrieges eingeplant hatte, ein erhebliches Stück näher gekommen sein.

Seit Jahren hatte Mun still und heimlich Kontakte in den Ostblock gebahnt. In China hatte er sich über seine geschäftlichen Bestrebungen ein Standbein verschafft. Bis hin zum Aufbau einer eigenen Autofabrik. Wissenschaftler, Politiker und Theologen wurden zu Konferenzen von unverfänglich aussehenden Organisationen eingeladen, wie „ICUS", „New ERA" usw.

Im April 1990 gelang es Mun sogar, eine Tagung von dreien seiner Tarnorganisationen in Moskau abzuhalten. Unter der Überschrift „The Advancement of Global Communication and Cooperation" trafen sich vom 9. bis 13. April 1990 eine sogenannte World Media Conference (WMC), eine Association for the Unity of Latin America (AULA) und The Summit Council for World Peace. Es wurden zahlreiche ehemalige Staatsoberhäupter und Politiker, darunter bekannte Namen wie der Ex-Nato-Generalsekretär Dr. Joseph Luns, Amin Gemayel vom Libanon, Bulent Ecevit aus der Türkei usw., aufgeboten, und Mun hatte Gelegenheit, Präsident Gorbatschows Präsidialratsmitglieder einzubeziehen und einige davon sogar mit einem Hausorden des Mun-Imperiums zu schmücken (es handelt sich um „The Latin American Order of Liberty and Unity").

Präsident Gorbatschow, wohl nicht wissend, wer San Myung Mun wirklich ist, empfing diesen und seine Frau am 11. April 1990. 28 ehemalige Staatsoberhäupter assistierten als Muns Gefolge. Ein Privatgespräch zwischen Mun und Gorbatschow soll nach internen Quellen des Mun-Imperiums 20 Minuten gedauert haben. In dem internen Bericht für die Anhänger Muns heißt es:

> „Der Marsch nach Moskau war der triumphale Höhepunkt von Reverend Sun Myung Muns 44 Jahren öffentlichen Wirkens. Es war eine glorreiche Stunde für die ganze Vereinigungs-Bewegung."

Für das Mun-Imperium ist dieser Vorgang von extremer Wichtigkeit. Der Erfolg von Moskau wird wieder umgemünzt in eine Bestätigung der Person Muns (als angeblich göttlicher Beweis), um die Anhänger noch fester in das Mun Imperium einzuschmieden und sie zu noch größeren Leistungen (auch materieller Art) anzutreiben.

Bei der antidemokratischen und in vielen Punkten menschenfeindlichen rechtsextremistischen Ideologie Muns bieten derartige Erfolge für ihn auch die Möglichkeit, an weiteren Orten politisch und wirtschaftlich Fuß zu fassen.

Das Leben in der „wahren Familie"

Jugendliche, die sich zum Eintritt in die „Familie" der Vereinigungskirche entschlossen haben, haben in vielen Fällen ihre Berufsausbildung, Schule, Familie usw. verlassen, um sich ganz der neuen Gemeinschaft und ihren Anforderungen zu widmen. Immer wieder bezeugen die Berichte von Eltern und Angehörigen die Veränderungen, die in den zu Muns Lehre bekehrten und in die Gemeinschaft eingetretenen jungen Menschen vorgegangen sind.

> „Christine war völlig verändert, aufgeregt, fanatisch. Sie war nur noch aggressiv. So kannten wir sie noch nie." – „Mit unserer Tochter war nicht mehr zu reden. Wie abwesend lächelte sie und sagte immer wieder ‚Ihr müßt nur Vertrauen haben, dann ist alles gut'. Aber selten hatten wir so wenig Vertrauen zu unserer Tochter, die wir kaum noch wiedererkennen." „Wie hypnotisiert", „keinen eigenen Willen mehr", „durfte uns nicht unter vier Augen sprechen" – so schildern es Angehörige.

Über die Trainings-Freizeiten in den Mun-Lagern berichtet eine Zeitschrift (Weltbild vom 30.5.73) von „suggestiven Exerzitien, die an Hypnose grenzen". Weiter heißt es:

> „Die Kost ist schmal (Müsli, Stullen, Reis, Salat, gelegentlich Fisch, nie Fleisch), lange Fastenzeiten schwächen Willen und das kritische Denkvermögen. Geschlafen wird spartanisch auf hartem Boden. Stundenlange Vorträge und Dauergebete suggerieren Mun-Ideologie. Unentschlossene Novizen werden während der Einstimmung von der Außenwelt abgeschirmt. Eltern, die ihre Kinder zurückholen wollen, müssen vor der Tür bleiben – es sei denn, sie drohten mit der Polizei. Das Suggestiv-Training erinnert an kommunistische Gehirnwäsche."

Hin und wieder gibt es auch Fleischmahlzeiten. Es ist jedoch alles auf den Vorgang der Seelenwäsche abgestimmt, die anders als die willensbrechende Gehirnwäsche auf einer Zustimmungshaltung aufbaut und eine Immunisierung gegen jede Kritik „von außen" erzeugen will.

Über die von Außenstehenden nicht selten als „Belügen" empfundene Art des Fehlinformierens durch Mun-Anhänger glaubt man sich in der Mun-Bewegung folgendermaßen beruhigen beziehungsweise recht geben zu können: Jakob habe Esau das Erstgeburtsrecht abgeschwindelt, also könne man „zugunsten Gottes" auch „Satan etwas abschwindeln".

Mit großen Mühen versucht die Mun-Bewegung in der öffentlichen Meinung ein anderes Bild aufzubauen: Weil sie möglichst unbeirrt von Kritik ihre Ziele verfolgen will, stellt sie sich als eine freundliche „christliche Bewegung" vor.

Eine „Elterngemeinschaft der Vereinigungskirche e. V." sollte nach außen hin das Bild dankbarer Familien erzeugen. Erfolgreich war dieses Manöver nicht.

Die Mun-Bewegung ist, wie die anderen Jugendreligionen auch, als streng hierarchisch-autoritär bekannt. Die im Gelöbnis geschworene Treue gilt auch gegenüber den unteren Instanzen. Einen solchen Treueschwur legt jedes Mitglied der Mun-Bewegung sonntags um fünf Uhr morgens sowie zu besonderen Anlässen ab. Dort heißt es:

> „Ich bin stolz, das Kind des einen Wahren Elternpaares zu werden; stolz auf die Familie, die die eine Tradition ererben wird. – Ich werde unter Einsatz meines Lebens kämpfen. – Ich bin verantwortlich, meine Pflicht und meine Mission zu erfüllen. – Das gelobe ich und schwöre ich."

Getreu dieser Verpflichtung gehen die neuen „Familienmitglieder" in Trainingskurse, die in den Schulungszentren der Mun-Bewegung abgehalten werden, arbeiten sie bei harten Missionseinsätzen mit. Dem Treuegelöbnis folgend, halten sie sich an die strengen Fastenregeln, gehen nach der Arbeit – von der sie allen Verdienst abliefern – noch auf Straßenmission und lassen sich schließlich auf Weisung durch die Führer oder den Gründer Mun verheiraten.

Bei Großkampagnen („International One World Crusade" und „Rallyes for Peace and Freedom") wurden Tausende von Gefolgsleuten auf „Kreuzzüge" geschickt. Bei solchen Kreuzzügen werden die Kulturgruppen der Mun-Bewegung als Werbeträger eingesetzt, wie zum Beispiel die Folk-Rock-Gruppe „Sunburst", der

Gospel-Chor „Voices of Freedom“, die „New Hope Singers“, die „Go World Brass Band“, die „Blue Tuna Band“ usw.

Auch hat man sich als neue Werbe- und Missionstaktik eine „Ocean Church“ (Ozeankirche) einfallen lassen. Junge Leute werden zum Fischen eingeladen und gehen dabei der Mun-Bewegung in die Netze. Mun hat auch auf dem Zeitungssektor starkes Engagement gezeigt. Er startete unter anderem die „New York Tribune“, eine „Washington Times“ und die „World Media Conference“.

Mun-Missionsdienst

Mun-Missionsdienst wird häufig auf den belebten Plätzen und in den Zentren der großen Städte oder vor den Universitäten betrieben. Nicht jeder Passant wird von den stillen Werberinnen und Werbern angesprochen. Man schaut vor allem nach jungen Menschen, die für die Gruppe passend erscheinen. Die werden entweder kurz angesprochen und mit einer Einladung zu einem abendlichen Treffen in der örtlichen Niederlassung der „Familie“ bedacht oder womöglich gleich ins naheliegende Quartier geleitet. Auch haben sich Mun-Missionare schon zu Werbezwecken in christliche Teestuben oder Jugendkreise begeben.

Wichtige Missionsargumente: Die Welt sei nicht so, wie sie sein sollte, es müsse alles besser gehen; dazu brauche es eine „Neue Wahrheit“. Diese Wahrheit habe Mun gefunden. Alle sozialen Dienste seien doch nur ein Tropfen auf den heißen Stein; es gelte, die Welt grundlegend zu verändern. So warben die österreichischen Mun-Jünger mit einem Flugblatt unter Studenten: „Was erwartest Du von Deiner Ausbildung?“ Dieses Flugblatt konfrontiert den Studenten mit der wichtigen Frage, wozu er alles dies eigentlich tue: überfüllte Hörsäle zu besuchen, unentwegt zu lernen usw., und fragt schließlich „Was tust Du für Dein geistiges Wachstum?“ Da gerade dies der fragwürdigste Punkt unserer akademischen Ausbildung ist, sind manche jungen Menschen für eine solche Frage sehr ansprechbar.

Die Mun-Missionare bezeugen demgegenüber, sie hätten die richtige Entscheidung getroffen und eine Antwort auf alle ihre Fragen gefunden. Sie hätten die „Neue Wahrheit" kennengelernt, die imstande sei, „Religion und Ideologien zu vereinigen und die gesamte Menschheit zu einer großen Familie zu machen".

Nachdenkliche junge Menschen leiden oft stark unter der Zerrissenheit unserer Welt. Die Vorstellung einer Vereinigung aller Menschen zu einer großen Familie fasziniert und kommt der Sehnsucht nach Frieden und einer glücklichen Welt entgegen. Und so kann es leicht geschehen, daß der so angesprochene Jugendliche schon kurz darauf in einem „Mobilteam" mit auf Mission geht, um neue Mitkämpfer zu werben.

> „Jeder Missionar soll jeden Monat der Familie ein neues Mitglied zuführen. Hat er dieses Soll erfüllt, ist drei Jahre dabei und hat mindestens einmal sieben Tage gefastet, besteht die Möglichkeit, daß ihn der Meister zur Segnung (sprich Hochzeit) auswählt. Die Ehepaare müssen jedoch eine Zeitlang getrennt leben. So wird zum Beispiel der eine Partner nach Indien geschickt und der andere nach Berlin. Sollte ein Ehepaar der Gemeinschaft beitreten, so muß es so lange getrennt leben, bis der Meister die beiden segnet. Freund und Freundin werden ohnehin auseinandergebracht." (aus einem Erlebnisbericht)

Der in diesem Bericht beschriebene Idealzustand der Segnung wird kaum je erreicht. Nicht wenige Mun-Jünger und -Jüngerinnen haben deswegen Schuldgefühle.

Der Dienst kann die Jünger nach Ghana, Japan, England, in den Orient oder die USA führen, wo Mun umfangreiche Besitzungen hat.

An den Universitäten wurde von Mun eine „Neue Alternative" mit dem Namen CARP (Collegiate Association for the Research of Principles) gestartet und für Aktivferien (zum Beispiel in den Bergen oder auf See) geworben.

Durch die Gründung einer eigenen „Hochschule" in Barrytown N. Y., an der Theologieprofessoren auch anderer Bekenntnisse bestens dotierte Lehraufträge erhalten, durch jährliche Wissenschaftler-Konferenzen („Internationale Konferenz für die Vereinigung der Wissenschaften-ICUS") oder für Religionswissenschaftler („New ERA"-Seminare) versucht Mun wohl hauptsächlich unter Wissenschaftlern Eingang zu finden, um diese dann für seine wirtschaftlich-politischen Ziele oder als Multiplikatoren zu nutzen. Jährlich werden über 100 junge Leute für eine von Mun erdachte und von seiner Vereinigungskirche bezahlte Weltreise als „spirituelle Pilgerfahrt" unter dem Namen „Youth Seminary on World Religions" (Jugendseminar über Weltreligionen) geworben.

Starke Anstrengungen unternimmt das Mun-Imperium, wie bereits erwähnt, auch auf dem Mediensektor, zum Beispiel durch Zeitungsgründungen.

Eine Mutter aus Frankreich schreibt:

> „Die VK ist Teil eines weitverzweigten politischen und wirtschaftlichen Unternehmens ... Die bekanntesten Wissenschaftler, darunter Nobelpreisträger, werden eingeladen, ohne von Mun und VK zu wissen; ihre Namen werden dann bei der Anwerbung junger Mitglieder mißbraucht – auch bei den Eltern. ‚Wir sind seriöse Leute, der XY ist mit uns einverstanden.'"

Ein anderer geschickter Werbeschachzug war der mehrfache Auftritt der Munschen Ballett-Truppe „Die kleinen Engel" bei internationalen Großveranstaltungen oder im deutschen Fernsehen. Weitere ähnliche Werbeinitiativen sind zu erwarten. Als Werbeschachzug der Mun-Gruppen muß auch die versuchte Wahlhilfe für konservative Parteien verstanden werden. Schon 1976 mußte sich die CDU/CSU scharf von derartiger „Wahlhilfe" distanzieren.

Auch kam es hin und wieder vor, daß Anhänger der Vereinigungskirche „von Haus zu Haus" gingen und Geld sammelten. Dabei wurde unter anderem die Behauptung aufgestellt, das Geld sei „für ein ökumenisches Jugendzentrum". Eine Sammelgenehmigung lag in den bekannt gewordenen Fällen nicht vor.

Mit der sogenannten „Home Church“ (Heimkirchen)-Aktion will die Mun-Bewegung „in die Gesellschaft gehen“. Dabei werden in einem bestimmten Wohngebiet von VK-Mitgliedern den dort Wohnenden unentgeltliche Hilfeleistungen angeboten. Schließlich sollen die Missionare (möglichst ebenfalls gratis) dort ein Zimmer finden, das zur Heimkirche werden soll und von wo aus die religiösen Missionsaktivitäten gestartet werden sollen.

Man versuchte sogar, sich Kirchengemeinden als Hilfskraft anzubieten.

Die „Göttlichen Prinzipien“

San Myung Mun behauptet, „die Wahrheiten Gottes“ nach langem peinvollem Kampf „in seinen Händen besiegelt“ zu haben. Über den damals Fünfundzwanzigjährigen heißt es:

> „An diesem Punkt wurde er zum unumschränkten Sieger von Himmel und Erde. Die gesamte geistige Welt beugte sich am Tag des Sieges vor ihm; denn er hatte sich nicht nur von der Anschuldigung Satans völlig frei gemacht, sondern war nun auch in der Lage, Satan vor Gott zu verklagen. Satan ergab sich ihm an jenem Tag völlig, denn San Myung Mun hatte sich zu einem reinen und vollkommenen Sohn Gottes emporgekämpft.“

Das ist der Grundgedanke der Mun-Religion: Mun habe den Weg gefunden, wie sich die Menschheit von der Herrschaft Satans befreien könne. Er sei als erster diesen Weg gegangen, und er habe den Sieg errungen. Er habe geschafft, was zwar Jesus und andere vor ihm versucht, aber nicht erreicht hätten. Jesus habe erstens nicht geheiratet und sich zweitens kreuzigen lassen. Beides seien Fehler gewesen.

Getreu dem Vorbild ihres Gründers wird als Ziel der Anhänger der Mun-Bewegung angegeben: „Die Erreichung von Vollkommenheit durch Liebe zu Gott und den Menschen“.

Das Gottesbild ist in der Mun-Bewegung allerdings anders als im christlichen Glauben. Auch die Bibel wird anders gedeutet.

Das Hauptbuch der Vereinigungskirche trug lange Zeit den Titel „Die Göttlichen Prinzipien". Es gibt mehrere Ausgaben, darunter auch Kurzfassungen. Es gibt also nicht *das* Buch mit dem Titel „Die Göttlichen Prinzipien", sondern mehrere solcher Schriften. Sie haben auch unterschiedliche Autoren. Heute kursiert eine Ausgabe des Mun-Ideologiewerkes mit dem Titel „Das Prinzip".

Diese Lehre sieht etwa so aus: Grundlage aller Existenz, auch der Gottes, sei das „Prinzip von Geben und Nehmen".

> „Seine ewige Energie ist polarisiert in männlich und weiblich. Das Geben und Nehmen zwischen ihnen bildet die Grundlage für seine Existenz. Gegenüber dem Menschen kann Gott nur dort wirken, wo er sein reflektiertes Abbild oder eine empfängliche Grundlage findet."

Eine derartige Gotteslehre ist unbiblisch. Die Munsche Lehre behauptet, der Mensch ähnle Gott in drei Dingen:

> „Erstens gleichen des Menschen Verstand und Gefühl, Herz und Körper und Männlichkeit und Weiblichkeit der Polarität Gottes …
> Zweitens hat der Mensch das Potential, der Vollkommenheit Gottes ähnlich zu werden …
> Drittens ähnelt die Fortpflanzung des Menschen der Fortpflanzung Gottes."

Auch das ist unbiblisch, wenn nicht gar lästerlich. Nach Mun hat der Mensch die Aufgabe, „die drei Segnungen" zu erfüllen:

- „Seid fruchtbar": Das bedeute, Gott ähnlich zu werden, Herz und Körper auf Gott auszurichten;
- „Mehret euch": Dies bedeute das Zeugen von Kindern in der Vervollkommnung;
- „Herrschaft": Alle Dinge des geschaffenen Universums sollen Objekte des Menschen sein.

Doch entgegen Gottes Willen geschah folgendes: Mit dem Sündenfall, der durch Evas Unzucht mit dem Satan begann und durch die Verführung Adams durch Eva perfekt gemacht worden war, kam der Mensch unter Satans Herrschaft. Dadurch geriet auch die Schöpfungsordnung ins Wanken.

Wenn in den Mun-Schriften behauptet wird: „Die Art des Aktes der ursprünglichen Sünde wurde niemals aufgedeckt", so muß dementgegen festgestellt werden, daß es derartige Spekulationen schon in einer Reihe von sogenannten „gnostischen" Sekten kurz nach der Apostelzeit gegeben hat. diese aber von den Christen schon damals als heidnische Phantasterei abgelehnt wurden.

Vom Satanspiel unberührt blieb aber das andere „Prinzip" der Polarität. Solche einander ergänzenden Gegensatzpaare sind zum Beispiel: die Subjekt-Objekt-Verhältnisse Gott und Mensch, Mann und Frau, Herz und Körper, Inneres und Äußeres, Sichtbares und Unsichtbares. Gott als Subjekt brauche also den Menschen als Objekt, der Mann die Frau usw. Dieses „Subjekt-Objekt"-Verhältnis durchziehe die ganze Schöpfung, auch Gott selbst. Gott habe ein Herz (männlich, Subjekt) und einen Körper (weiblich, Objekt). Dieses Äußere Gottes geht in seine Schöpfung ein.

Für Christen, denen diese Spekulationen zu unbiblisch vorkommen, hat Mun den schönen Rat:

> „Die heutigen Christen müssen sich von ihrer überlieferten Glaubensvorstellung lösen, die sie zu Gefangenen der Bibelverse machte."

Muns Lehren entstanden auch nicht durch eifriges Bibelstudium, sondern aufgrund besonderer „Offenbarungen". In der Werbebroschüre „Die Neue Zukunft des Christentums – Rev. San Myung Mun" wird deutlich erklärt: „Durch Rev. San Myung Mun bringt Gott, da die Zeit reif ist, die himmlische Botschaft, die der Menschheit nie zuvor gegeben wurde, die Botschaft, die Jesus nicht offenbaren konnte."

Mun behauptet: „Ich sprach mit Jesus." Der habe ihm bestätigt, daß Gott in gewissen Perioden von jeweils 2000 Jahren versucht habe, die Menschen unter seine Herrschaft zurückzuführen, daß jedoch er (Jesus) ebenso wie Abraham gescheitert sei – und zwar, weil Jesus nicht geheiratet habe und weil es durch Versagen Johannes des Täufers (er habe an Jesus gezweifelt, anstatt ihn bedingungslos zu unterstützen) zum Fehler der Kreuzigung gekommen sei.

Über Johannes lehrt Mun:

> „Er nahm Jesus absolut nicht ernst." – „Durch das Versagen Johannes des Täufers zerriß die Verbindung zwischen dem Sohn Gottes und dem Volk. Die Folge davon war, daß nur Fischer, Zöllner, Huren und Aussätzige Jesus Christus nachfolgten. Die Tatsache bereitete dem Herzen Gottes großen Kummer."

Mun hat in den USA mehrfach Kontakt zu spiritistischen Medien gesucht. Durch diese hätten viele „Geistwesen" die Stellung Muns bestätigt. Doch gerade darin haben gläubige Christen wieder einen deutlichen Hinweis auf den nichtchristlichen Charakter Muns und seiner Bewegung gesehen.

Nach dem Unfalltod seines zweiten Sohnes präsentierte Mun 1987 seinen Gläubigen einen Afrikaner aus Zimbabwe als dessen „neue spirituelle Inkarnation". Nach dem Tode des Sohnes hatten Medien von ihm zuerst (angebliche) „Offenbarungen", später auch solche von „Jesus" empfangen.

Thema eins: Wiedergutmachung

Bei der Munschen Bewegung richtet sich alles auf die sogenannte Wiedergutmachung aus. Diese basiert auf drei Bedingungen: Erstens müsse eine „Hauptperson" vorhanden sein – als diese gilt San Myung Mun; zweitens müßten „als Mittler dienende Objekte vorhanden sein" – auch diese Rolle übernimmt Mun zusammen mit seiner Gemeinschaft und seiner Botschaft; drittens „muß ein Zeitabschnitt der Wiedergutmachung auf mathematischer Ebene erfüllt werden".

Hierher gehören die Spekulationen über die 2000-Jahr-Abschnitte und ähnliches (Spekulationen um die Zahlen 10, 40, 12, 21, 160 usw.). Sie alle sollen nur darauf hinweisen, daß jetzt mit Muns Erscheinen die richtige Zeit gekommen sei. Ansonsten habe sie keine besondere Bedeutung für die Lehre dieser Gruppe.

Auch Hitler nimmt in den Munschen Spekulationen einen wichtigen Platz ein. Er sei eine „Person vom Typ Jesu auf der satanischen Seite" gewesen. „Hitler hatte sehr viel Ähnlichkeit mit Jesus in bezug auf seine Ideologie, seinen Familienstand (ledig), seinen jämmerlichen Tod, seinen verlorengegangenen Körper usw., jedoch der ‚Wille' stand im Gegensatz zum ‚Willen' Jesu."

Dieses Beispiel mag deutlich machen, wie willkürlich man in der Mun-Bewegung mit der Wahrheit umspringt. Daß Hitler vor seinem Tode noch geheiratet hatte, weiß Mun wohl nicht.

Als „letzte Maßnahme Gottes" rechnen die Mun-Leute mit einem dritten Weltkrieg, „in dem die demokratische Welt die kommunistische Welt unterwerfen muß". So heißt es jedenfalls immer noch (1990) in den von der Mun-Bewegung herausgegebenen und verbreiteten „Göttlichen Prinzipien".

Überlegt man sich, daß ein Militär auf hohem Posten eine solche Glaubensvorstellung in die Wirklichkeit umsetzen könnte oder ein Weltpolitiker unter Beeinflussung durch Muns Ideen unter Umständen einen dritten Weltkrieg vom Zaune brechen würde, erkennt man, welche Gefahr hinter solchen Vorstellungen lauert!

Vor Beginn dieses dritten Weltkrieges werde Christus in Korea wiedergeboren werden. Muns Anhänger sehen diese Bedingung mit der Geburt Muns erfüllt. In Korea verlaufe die Frontlinie zwischen Gott und Satan. Hier erschien San Myung Mun, der als der neue Messias „Satan vollkommen unterworfen und Satans geheimes Verbrechen aufgedeckt" habe. San Myung Muns letzte Verheiratung wird von den Mun-Gläubigen als „Hochzeit des Lammes" gedeutet, mit der das neue Zeitalter begonnen habe.

Wer an dessen Segnungen teilnehmen will, muß allerdings vorher Wiedergutmachung leisten. Er muß in die „wahre Familie" (die Mun-Gemeinschaft) eintreten und durch besondere Verzichtleistungen (auf Süßigkeiten und Fleisch), Ableistung strapaziöser Sonderdienste usw. eine „Abbezahlung an den Satan" erbringen, der als Herr der Menschen ein Anrecht auf diese Abbezahlung habe.

Die Teufelsfurcht ist unter den Mun-Jüngern und -Jüngerinnen derart groß, daß von einem Ehemaligen berichtet wird, er habe beim Anblick einer Kasperltheater-Teufelspuppe einen Nervenzusammenbruch bekommen.

Wer eine sündlose Ehe führen will, soll zum Beispiel vorher drei „geistige Kinder gezeugt" (Bekehrung vollbracht) haben. Als besondere Spezialität veranstaltet Mun gerne werbewirksame Massentrauungen von bis zu 4000 Paaren auf einmal. Als Begründung für die Heirat werden angegeben: Man heirate erstens für Gott, zweitens für die Menschheit und drittens für die Nachkommen, nicht aber für sich selbst. Die Radikalität des Engagements, das von den jungen Mun-Anhängern gefordert wird, zeigen Vorstellungen wie das im sogenannten „120-Tage-Trainingskurs" geforderte Lebensopfer der Anhänger für Mun und dessen Familie („Nun kann ich mein Leben für Vater opfern. Das ist ... eine Leben-zu-Leben-Verwandtschaft zwischen Vater und mir. Das ist die Lebenslinie der Vereinigungskirche") und Muns Reden, in denen er dazu auffordert, im Ernstfall auch mit Maschinenpistolen zu kämpfen, wenn die Vereinigungskirche angegriffen werden sollte.

Beurteilung der VK aus christlicher Sicht

Trotz der vielen christlichen Begriffe und Namen und trotz der vielen Bezugnahmen auf die Bibel handelt es sich bei der Mun-Bewegung nicht um eine christliche Glaubensgemeinschaft, sondern um eine eigenständige, außerchristliche religiöse Bewegung.

Ihr Gottesbild ist unbiblisch und mitsamt ihren anderen Spekulationen am ehesten in den Bereich der „gnostischen" Religiosität zu verweisen. Die Gnosis war eine in frühchristlicher Zeit existierende Bewegung, die durch Vermittlung geheimer religiöser Kenntnisse („Gnosis" = „Wissen") die Erwählten beziehungsweise Wissenden („Gnostiker") zur Einheit mit der Gottheit führen wollte. Es gab dabei heidnische, aber auch christlich gefärbte gnostische Gruppierungen. Geheimlehren und Einweihungen spielten eine Rolle.

Eine Feier am Sonntagmorgen (gegen fünf Uhr) vor den Bildern der „wahren Eltern" mit Gebeten und der Ablegung des Gelöbnisses sowie ein regelrechter Festkalender, darunter als wichtigstes Fest der sogenannte „Elterntag", der zu Ehren von Mun und seiner Frau begangen wird, unterstreichen die nichtchristliche religiöse Eigenständigkeit der Mun-Bewegung.

Welchen Stellenwert Mun der Bibel zuweist, zeigt auch die gruppeninterne Lehre, daß es neben „Altem und Neuem Testament" noch ein „Erfülltes Testament" gebe, nämlich die Lehre Muns.

Die von der Gemeinschaft herbeigeführte Trennung zwischen der echten (leiblichen) Familie und den zur „wahren Familie" übergetretenen Angehörigen ist unchristlich. Welche gefährliche Bindungen durch die in der Mun-Bewegung vollzogenen „Seelenwäschen" entstehen, zeigt der Brief eines jungen Mannes, der nach seinem durch (vermutlich auf den Aufenthalt in der Mun-Bewegung zurückzuführende) körperliche und seelische Erkrankung erzwungenen Ausscheiden aus der Vereinigungskirche einen Selbstmordversuch unternimmt und der an ein ihm bekanntes Mitglied der Bewegung schreibt:

> „Der Grund für meinen Selbstmordversuch ist der Satz von Vater: Wer aus der Familie geht, kann mitsamt seiner Verwandtschaft in seinem physischen Leben nicht wiederhergestellt werden."

Im Juni 1978 starb er durch Selbsttötung. Nicht wenige junge Menschen sind an der Mun-Lehre und den harten Praktiken dieser Jugendreligion zerbrochen.

Daß sich Mun als Messias verehren läßt, ist nach christlichen Maßstäben gotteslästerlich. Gefährlicher aber scheint das aktive Hinarbeiten auf die Verwirklichung der politischen Mun-Ideen zu sein, die ja gegebenenfalls auch einen angeblich notwendigen dritten Weltkrieg einschließen.

Das sogenannte Training in den Lagern der Gemeinschaft ist für den christlichen Glauben wertlos, wenn nicht gar schädlich. Eine derartige Mißdeutung der Bibel, wie sie in der Mun-Bewegung vorgenommen wird, ist selbst den fragwürdigsten christlichen Sekten fremd.

Die Mun-Bewegung zählt nicht zur Weltchristenheit. Ihre Einstellung zu den Religionen enthüllt eine Vereinssatzung des in Deutschland gegründeten Vereins „Föderation für Weltfrieden und Vereinigung e. V.", der als besonderer Verein der Mun-Bewegung neben der „Vereinigungskirche e. V." eingetragen wurde. Dort wird als Ziel des Vereins angegeben, „nach der fundamentalen Wahrheit in allen orientalischen und westlichen Religionen zu suchen, so daß die gemeinsame Basis für ihre Bemühungen geschaffen werden kann".

Maßstab dieser „fundamentalen Wahrheit" wären aber in diesem Falle Muns Offenbarungen und Ideen.

Eine Zusammenarbeit mit Muns Bewegung oder einer ihrer Vereine oder Untergruppierungen ist für christliche Gemeinden in keinem Falle möglich. Das „Theologiestudium" an der Mun-Schule in Barrytown N. Y. kann nicht zum Dienst in einer christlichen Kirche führen oder befähigen. Studieren Mun-Anhänger Theologie an einer anerkannten Hochschule, können sie trotzdem nicht Geistliche einer christlichen Kirche werden, solange sie an die Mun-Lehren glauben.

Da die Taktik der Vereinigungskirche immer stärker darauf abzielt, sich als „christliche Konfessionsgruppe" darzustellen, und da damit gerechnet werden muß, daß Mitglieder der VK in die bestehenden Kirchen hineinwirken („Mitarbeit" in der Jugendarbeit, Dienste als „theologische Experten" usw.), müssen die christlichen Kirchen besonders wachsam sein. Dazu soll neuerdings der Dienst junger VK-Missionare als unentgeltliches „Praktikum" helfen. Ein Programm „Superdenomination" soll in einer „Jakob-und-Esau-Kampagne" die christlichen Kirchen für die Mun-Bewegung öffnen.

Es ist nicht auszuschließen, daß die politische Seite dieser Jugendreligion immer stärker in den Vordergrund treten wird. Sogar die Möglichkeit der Gründung einer Art Fremdenlegion zum eventuellen Einsatz in Korea, dem „religiösen Vaterland" der Mun-Gläubigen, wurde schon angedeutet.

Die Scientology-Kirche und ihre „Sea-Organization“

Entstehung und Entwicklung

Bei der Sea-Org handelt es sich um das Rückgrat der sogenannten „Scientology Kirche“, die auf das Wirken eines gewissen Lafayette Ron Hubbard (1911–1986) zurückgeht. Mit ihrem Mitarbeiterstab und ihrer Zielsetzung erfüllt sie alle Voraussetzungen einer neuen Jugendreligion. Sie wird in einem Werbeflugblatt als „Speerspitze einer neuen und größeren Zivilisation auf Erden“ gepriesen.

Lafayette Ron Hubbard war Einzelkind. Er wuchs bei seinem Großvater auf und kam erst mit zehn Jahren zu seinem Vater, einem US-Navy-Zahlmeister, den der Heranwachsende auf seinen Reisen begleitet haben will. Sein von Scientology verbreiteter Lebenslauf kann als Fabel angesehen werden, inklusive der Reisen nach China und Indien, die er angeblich in seiner Jugend gemacht haben soll. Er sei Expeditionsleiter gewesen, er habe Science-fiction-Romane geschrieben, er sei Offizier der US-Navy gewesen. Gesicherte und allgemein zugängliche Unterlagen gibt es für die meisten dieser Behauptungen nicht. Oft jedoch Gegenbeweise.

In einem von der Sea-Org verbreiteten Lebenslauf heißt es: „Hubbard kehrte im späten Frühling 1942 nach Hause zurück, als die ersten US-Soldaten verwundet aus dem Fernen Osten heimkehrten.“ Ob auch er unter den Verwundeten gewesen ist, entschleiert die Bemerkung nicht. Am Ende des Krieges will er gelähmt und erblindet gewesen sein.

Christopher Evans stellt in seinem Buch „Kulte des Irrationalen“ (Hamburg 1976) die angeblichen Hubbardschen Leiden vor: „Geschwür am Zwölffingerdarm, Schleimbeutelentzündung (rechte Schulter), Arthritis, Bindehautentzündung“. Ein Sprecher des Marineministeriums habe allerdings erklärt: „Eine Überprüfung der Akte von Mr. Hubbard ergibt keinerlei Anhaltspunkte dafür, daß er im Dienst der US-Marine verwundet wurde.“ Hubbards Kriegsleiden und seine Genesung, die er angeblich ohne ärztliche Hilfe aus eigener Kraft bewirkt habe, sind also nur Erfindungen.

1950 veröffentlicht Hubbard ein Buch mit dem Titel „Dianetics, the Modern Science of Mental Health“ (deutsch jetzt: „Dianetik – der Leitfaden für den menschlichen Verstand“). Er tritt mit den „Entdeckungen“ namens „Dianetics“ und „Scientology“ an die Öffentlichkeit, deren Namen heute als Warenzeichen eingetragen sind (Scientology® und Dianetics®). Er hat finanziellen Erfolg. Schließlich wird im Jahr 1965 behauptet, Hubbard habe durch eine „letzte und wirksame Stufe dieser Entdeckungen“ Wunderbares erreicht: „Die langersehnte Brücke zur totalen Freiheit für den Menschen war gebaut.“

Hubbard lernte in dieser Zeit den Führer eines neosatanistischen Geheimbundes, Jack Parsons, kennen, der in einem Brief an den Magier Crowley die neue Freundschaft mit Hubbard pries. Parsons' Schreiben zufolge soll Hubbard damals behauptet haben, einen Schutzgeist namens „the Empress“ (die Kaiserin) zu besitzen. Parsons und Hubbard legten ein gemeinsames Bankkonto an, versuchten in einem seltsamen Ritual ein „Moonchild“ (Mondkind) zu zeugen (im März 1946, wobei Hubbard als eine Art Seher oder Hellseher fungierte) und zerstritten sich wegen des Geldes auf dem Bankkonto. Parsons fühlte sich von Hubbard betrogen.

Des Geheimbundes oberster Leitsatz lautete „Tue was Du willst soll sein das ganze Gesetz“. Es war der OTO (Orientalische Tempelorden), und sein Regent war der englische Magier Aleister Crowley.

Hubbard hat später behauptet, er sei ausgeschickt worden, um die Situation zu „meistern“. Dabei sei er absolut erfolgreich gewesen, die schwarzmagische OTO-Gruppe sei zerstört worden, sie habe sich niemals wieder erholt. Doch in diesem Punkt „irrt“ Hubbard. Der kalifornische Zweig OTO machte 1966 in einem Prozeß um einige besondere Greueltaten (unter anderem schwere Kindesmißhandlungen) von sich reden. Im Februar 1978 wurde Hubbard in Abwesenheit durch ein französisches Gericht in erster Instanz wegen Betrugs zu vier Jahren Gefängnis ohne Bewährung sowie einer Geldstrafe von 35 000 Franc verurteilt.

Das Ende des Sektengründers liegt im dunkeln. Seit 1983 war er selbst für Gerichte unerreichbar und blieb verschwunden. Ende Januar 1986 hieß es plötzlich, er habe den „Rang Admiral" angenommen. Eine dubiose „Flag Order" schließt: „Wir werden uns später wieder treffen." Am 27. Januar verkündete die Sea-Org-Führung seinen Tod (24. Januar 1986). Man habe den Toten verbrannt und die Asche übers Meer gestreut. Es hatte schon vor Hubbards offiziellem Tod Absplitterungen (so die „Advanced Ability Center – ACC") und viel Streit gegeben. Die Geschichte des Hubbardismus wird davon noch mehr sehen.

Eine Glaubensmaschine (E-Meter)

Grundbaustein aller von Hubbard begründeten Systeme ist der sogenannte „Hubbard-Elektrometer" oder kurz „E-Meter". Der Münchner Psychotherapeut Achim Seidl berichtet in seinem Buch „Im seelischen Underground" (München 1972) über diese Maschine:

> „Bei dem von Hubbard weiterentwickelten Gerät handelt es sich in der Basis um eine Wheatstonesche Meßbrücke, welche die emotional beziehungsweise gedanklich bedingten Schwankungen des jeweiligen Ohmwiderstandes im Körper elektrisch mißt. Anklingend an die Wirkung eines Lügendetektors, funktioniert der E-Meter anders, freundlicher, eher als eine Art „Wahrheitsdetektor", da nicht nur alle Mißemotionen, vielmehr auch alle Harmonieempfindungen subjektiver Herkunft mit gewissen Fehlerquellen objektiv registriert werden."

Mit Hilfe dieses Gerätes will die Scientology Menschen zur „totalen Freiheit" führen. Das Gerät ist nahezu wertlos, wenn auch teuer.

Die Stufen zur totalen Freiheit sind allerdings mit gewissen Anstrengungen, vor allem finanzieller Art, gepflastert. Ein für den Außenstehenden fast unübersichtliches Angebot an Kursen, Trainingsstunden und sogenannten Auditings soll den Neuling – bei den Scientologen „Preclear" genannt – zum wichtigen Stadium des „Clear" (Klaren, Freien) führen. auf dieser Stufe des „Clear" habe der Mensch ein vorher nie erreichtes Maß an Freiheit erlangt. Er sei jetzt fähig, seinen Weg zu gehen, ohne von Belastungen aus der Vergangenheit geprägt zu sein. Darüber hinaus gibt es die sogenannten OT (Operating Thetan)-Grade, zu denen man durch weitere „Vervollkommnung" (und weitere teure Kurse) gelangt. Der Zustand des „Operating Thetan" ist „die Verwirklichung der *völligen* seelischen Freiheit, der vollkommenen Erlösung". Angeboten werden Grad I-New OT XV. Schon 1978 hatte man von Stufen bis OT XXII gesprochen.

Immer neue „Kurse" geben der Organisation die Möglichkeit, die Gläubigen neu zu beschäftigen und finanziell auszubluten. Der E-Meter ist das wichtigste Gerät bei diesem Geschäft. Mit ihm wird das sogenannte Auditing durchgeführt, eine Mischung aus Beichte und Befragung mit Hilfe dieses „positiven Lügendetektors". Zweck dieser Behandlung Herbeiführung der „vollkommenen Freiheit" durch Beseitigung von „Engrammen", das heißt, Fehleindrücken, die den Verstand (mind) behindern. Vor einem New Yorker Gericht haben die Scientologen erklärt, beim E-Meter handle es sich um ein religiöses Gerät. Wir hätten es also bei E-Meter mit einer „Freiheit produzierenden Glaubensmaschine" zu tun.

Ein an der Universität Tübingen 1976 erstelltes Gutachten nennt den Scientology-E-Meter jedoch „ein technisch mangelhaftes Gerät zur Ableitung von Hautwiderständen". Gerügt werden veraltete Technologie, wissenschaftliche Nutzlosigkeit und daß es nicht den elektrischen Sicherheitsbestimmungen entspreche. „Bei Anwendung des Geräts mit angeschlossenem Ladekabel kann für den Probanden Lebensgefahr bestehen."

Hubbards Weltanschauung

Hubbards Weltanschauung setzt sich aus unzähligen Elementen unterschiedlichster Herkunft zusammen. In ihr vermischen sich Erkenntnisse der Psychologie mit der Wiederverkörperungslehre (das „Auditing“ soll auch angebliche Belastungen aus „früheren Leben“ beseitigen können). Gedanken aus der magischen Geheimlehre sind ebenso vorhanden wie Bruchstücke aus anderen Religionen. Ursprung und Urgrund aller Hubbardschen Ideen ist jedoch die Vorstellung von der möglichen Selbstbefreiung des Menschen.

Eine umfassende Darstellung gibt das Buch von F.-W. Haack, „Scientology – Magie des 20. Jahrhunderts“ (Claudius Verlag, München). Zuerst hatte Hubbard sich auf dem Heilungssektor bemüht. 1950 war sein Buch „Dianetics: The Modern Science of Mental Health“ erschienen. Ein Ereignis, das die Scientologen für so einschneidend halten, daß sich manchmal die Datierung „A. D.“ (= Anno Dianetico, etwa: „A. D. 15“ = 1965) findet.

In einer Werbung für Dianetics heißt es: „Warum müde sein? Warum Schmerzen haben? Warum sich schlecht fühlen? Auditing kann Ihnen Wohlbefinden und Lebensfreude bringen.“

Ja, es wird sogar behauptet, für „ganze 70 Prozent aller menschlichen Krankheiten“ könne Dianetics merkliche Hilfe bieten.

Das Verhältnis von Dianetics zu Scientology wird folgendermaßen beschrieben:

> „Dianetics wendet sich an den Körper, Scientology wendet sich an den Thetan (Geist). Während der Thetan Krankheiten produzieren kann, ist es der Körper, der krank ist. Deshalb gebraucht man Dianetics, um Krankheiten, unerwünschte Empfindungen (sensations), Mißemotionen, Somatics, Schmerzen usw. zu beseitigen. Scientology und ihre Grade werden niemals für solche Dinge verwendet. Scientology wird angewandt, um geistige Freiheit, Intelligenz und Fähigkeiten zu steigern und somit das Bewußtsein von Unsterblichkeit hervorzubringen.“

Nach den Werbemeldungen der Scientology befreie ein sogenannter „Reinigungs-Rundown“ (mit Sauna und Tabletten) von „Drogen und giftigen Substanzen, die sich im Körper angesammelt haben“ und helfe sogar gegen atomare Strahlungsschäden!

Laut Hubbard besteht der Mensch aus dem vergänglichen Körper (body) und dem unvergänglichen Geist (in scientologischer Sprache „Thetan“). Er ist mit positivem „analytical mind“ (analytischem Verstand) begabt und mit negativem „reactive mind“ (reaktivem Verstand) behaftet. Das ist der Verstand, der unbewußten Reaktionen unterliegt. Von ihm befreit angeblich das „Auditing“. Das Eigentliche am Menschen sei der Thetan, eine Art Geistseele, die sich wieder in immer wieder verkörpern könne. Er sei unsterblich.

Eine besondere Rolle spielen in Hubbards Freiheits-Spiel die sogenannten *Engramme* – Eindrücke (auch aus früheren Leben), die der Mensch unbewußt mit sich herumträgt und die ihn behindern. Laut Hubbardscher Worterklärung ist ein „Engramm – der vollständig aufgezeichnete Inhalt eines Augenblicks von ‚Bewußtlosigkeit‘, der physischen Schmerz oder schmerzliche Emotionen und alle Wahrnehmungen enthält. Er ist die einzige Ursache von Aberrationen und psychosomatischen Krankheiten.“

Als „Aberration“ gilt bei den Scientologen „jedes Abweichen von der Realität (Vernunft). Wird in der Dianetics als Sammelwort für Psychosen, Neurosen, Zwangsvorstellungen und Verdrängungen aller Art und Klassifikationen benutzt.“

Dergestalt hat Hubbard seine „Engramme“ sozusagen als Quelle alles Bösen entlarvt. Sie sind es, die nach Hubbard den Menschen an der „totalen Freiheit“ hindern, die ihm üble verstandeswidrige Streiche spielen und ihn zu allerlei Fehlhandlungen veranlassen. Sie sind angeblich in einer sogenannten „Notfall-Bank“ gespeichert und können nach Hubbard durch das scientologische „Auditing“, eine Frage- und Antwort-Technik mit Hilfe des schon genannten E-Meters, ausgelöscht werden. Wenn alle Engramme gelöscht sind, ist man „clear“. Ein scientologisches Idealgehirn „sollte sich an jede beliebige Wahrnehmung, ob aus dem Schlaf- oder Wachzustand, vom Lebensanfang bis zum Tode, erinnern könne, sogar an die belangloseste … es sollte … immer recht haben und niemals falsche Antworten liefern." (R. Hubbard, Dianetics – die Entwicklung einer Wissenschaft).

Am Ende aller scientologischen Bemühungen winkt die „totale Freiheit". Hubbards „Sea-Org" will solche totale Freiheit für den ganzen Planeten Erde erkämpfen.

Die „Kirche" wirbt unter anderem in Kleinanzeigen, wie zum Beispiel im Münchner „Nordwest-Anzeiger" vom 25.8.88: „Kirche stellt ein. Wenig Bezahlung, großartige Zukunft. Verbessern Sie sich während Ihrer Arbeit. Besuchen Sie uns!"

Die Sea-Org

„Die Sea-Org ist eine einer Bruderschaft ähnliche Organisation, die innerhalb des festgefügten Aufbaus der Churches of Scientology besteht. Im Jahre 1967 formierte L. Ron Hubbard die Sea-Organisation … Die Sea-Org verfügt auf internationaler Basis über drei Schiffe, 16 Organisationen und hat über 1000 Mitglieder …"

heißt es in einem Anfang Dezember 1975 verschickten Anwerbeschreiben aus dem „Sea-Organisation-Office of the Recruiter". Mitglied der Sea-Org kann man nach Unterzeichnung eines Sea-Org-Vertrages werden. Er hat die Laufdauer von 1 000 000 000 (in Worten: einer Milliarde) Jahren. Er schließt also die nach der Scientologenlehre möglichen Wiederverkörperungen ein.

„Also, was ist 1 Milliarde Jahre für ein Wesen, das nicht altert und das nur wachsen kann, falls es in der richtigen Gruppe ist? Die Sea-Org ist diese Gruppe, die die Menschheit heraufbringen wird und den Menschen befähigen wird, größer zu werden und noch mächtiger als irgend etwas, das das Universum für lange Zeit gekannt hat", behauptet das Flugblatt „Warum eine Milliarde?".

Demzufolge müßte man die Sea-Org als eine Art organisatorisch-geistigen Turm zu Babel bezeichnen.

Diese Sea-Org ist ein straff durchorganisiertes System mit strengen Regeln. Vielfach leben die Mitglieder des Sea-Org-Staffs (Stabes) gemeinsam. Bis Anfang 1976 wurde die 3287-Tonnen-Jacht „Apollo“ als Flaggschiff benutzt.

Mitte 1974 ging eine Meldung durch die Presse, daß sie unter der Flagge von Panama mit 342 Personen an Bord, „Männer, Frauen und Kinder, so als wäre es ein kleines Dorf“, vor der Iberischen Halbinsel kreuze. In der Zeitungsnotiz hieß es:

> „17 verschiedene Firmen haben ihre ‚Meeresfiliale‘ auf der ‚Apollo‘ eingerichtet, während ihre Stammhäuser in Madrid, Lissabon, auf den Azoren, den Kanarischen Inseln oder anderswo in der Welt sind. Das Unternehmen, 1968 mit 20 000 Dollar gegründet bei einer Beteiligung von 100 Aktionären, nennt sich OTC (Operation and Transport Corporation Ltd.).“

Ein Landhauptquartier der Scientology befindet sich im Schloß Saint Hill Manor in Südengland. Die Zentrale in Clearwater, Florida, eine weitere wichtige Schaltstelle in Los Angeles. Inzwischen wurde wieder ein Schiff eingesetzt, die „Freewinds“.

Eine Reihe von überregionalen Hauptquartieren („Advanced Organisations“) regelt die weitere Arbeit der Scientology-Verbreitung. Einige der höheren Kurse können nur in diesen Stationen gegeben werden. Von ihnen aus werden dann neue Organisationen („Orgs“) aufgebaut, nachdem von einzelnen Scientologen vielleicht schon ein Verein oder eine Zweigstelle, eine „Mission“ oder eine „Franchise“, an einem Ort errichtet worden ist.

In den Orgs gibt es jeweils zwei fast voneinander unabhängige Strukturen. Die eine ist die „Org“ selber. Ihre Arbeit ist eingeteilt in sieben Divisionen (Abteilungen), die für unterschiedliche Belange zuständig sind. Ein umfangreicher Stab („Staff“) von Beamten („Officers“) wird nach genauen Vorschriften eingesetzt.

Neben der „Org“ arbeitete bis zum Eklat des Washingtoner Prozesses im Jahre 1980 das „Guardian-Office“, das dem Guardian-

System unterstand. Dieses Guardian-(Wächter)-System war eine Art Sicherheitsdienst. Seine Mitglieder sorgten für eine „gesicherte Umgebung“ und befaßten sich mit Kritikern, Feinden usw. An der Spitze dieses Systems stand der „Guardian World Wide“. Hubbard lobte das Guardian-System als die erfolgreichste Gruppe, die es „je in den Weiten der Geschichte“ gegeben hätte. Die Führerin des gesamten Guardian-Systems wurde 1980 in den USA zu einer erheblichen Haftstrafe verurteilt. Grund: Verbrechen zugunsten von Scientology. Die Aufgaben des „Guardian-Office“ werden heute von einer „SoCo“(„Social-Coordination“)-Truppe beziehungsweise einem „Büro für öffentliche Angelegenheiten“ durchgeführt.

Wer im Stab („Staff“) der Scientologen mitarbeiten will, kann dies auf wöchentlicher Basis, mit einem Zwei- oder Fünfjahresvertrag oder durch Abschluß eines sogenannten „Sea-Org“-Vertrages tun.

Zu den Studiengebieten neuer Staff-Mitglieder gehört auch die Regelung der Disziplinfrage. Im Kurs „Staff Status I“ wurde gefordert:

> „Da Scientology jetzt *totale* Freiheit bringt, muß sie auch die Macht und Autorität haben, totale Disziplin zu fordern, oder sie wird nicht überleben.“

Zur Aufrechterhaltung solcher totalen Disziplin rät etwa Gründer Hubbard beispielsweise:

> „Setzen Sie auf Unordnung und falsche Berichte so harte Strafen, daß einem schlecht wird, und achten Sie darauf, daß die Strafen erhoben werden.“

Zuständig dafür ist ein sogenannter „Ethics-Officer“. Dieser „Ethik-Beamte“ hat ein ganzes System von Strafen und Belohnungen zur Verfügung. Straf- und Belohnungsabzeichen, Geldbußen und Strafarbeiten gehören zu diesem System. Während im besten Zustand („Power“) ein 25-Dollar-Kredit für Org-Dienstleistungen und ein goldener Stern am sogenannten „Org Board“ verliehen werden, werden für den Strafzustand „Non-Existence“ (Nichtexistenz) siebeneinhalb Stunden Wiedergutmachungsarbeit verlangt. Außerdem gibt es als Strafe: „minimale Essenspausen, keine Unterhaltungen, Parties, Gruppenveranstaltungen; dafür einfache Arbeitsuniform oder Kleidung“ plus Urlaubssperre. Auf dem „Org Board“ erhält der Unglückliche ein schwarzes Fähnchen.

Zwei Strafzustände weiter unten wird auch noch „Rückzahlung der Summe in bar erwartet, die der Org durch Leichtsinn oder Vernachlässigung wirklich verlorengegangen ist.“

In dem Buch „Übermenschen unter uns“ (Frankfurt 1972) berichtet der Ex-Scientologe R. Kaufmann, wie er die Anweisungen für Behandlungen von „Feinden“ kennenlernte:

> „Immer wieder las ich die eine Klausel; und an jenem Abend griff ich noch oft danach, um sie anzustarren: ‚Eine Person, die in den Ethik-Zustand des Feindes zurückgestuft worden ist, gilt als vogelfrei: man darf ihr Eigentum abnehmen, sie in jeder Weise verletzen, ohne daß man von einem Scientologen bestraft wird‘. *Man darf ihr Streiche spielen, sie verklagen, sie belügen oder vernichten!*‘“

Die Scientologen behaupten heute, diese „Fair-Game“(„Sauberes- Spiel“!)-Regel sei, „da sie völlig mißverstanden wurde und daher unbeliebt war“, aufgehoben worden. Manches spricht dagegen. Erstens sind die Unterlagen und Anweisungen für den „Clear“-Kurs nicht öffentlich zugänglich, und die Behauptung ist schon von daher nicht wirklich nachprüfbar. Zweitens entspricht diese Regel anderen Scientologen-Grundsätzen, drittens ist der Wortlaut kaum mißverständlich gewesen, es sei denn, man unterstellt, daß etwas anderes gemeint als gesagt war, und viertens kann die Regel später wieder eingeführt worden sein. Gegen Gegner werden lautstarke „Untersuchungen“ geführt, die von der Kritik an der eigenen Gruppe ablenken sollen. Es gibt dafür besondere Anweisungen Hubbards. Berüchtigt wurden auch regelrechte Terror-Kampagnen, denen Gegner dieser Organisation ausgesetzt waren und noch immer sind.

In den USA sind durch eine legale FBI-Aktion Unterlagen über die Aktionen der Sekte gegen ihre Kritiker zutage gefördert worden, die von nahezu unglaublichen Schandtaten und Verbrechen zeugen. In der Scientology-Anweisung heißt es:

> „Diese Gruppe duldet keine Versuche, Leute vom Auditieren abzuhalten, sie davor zu warnen, Lügen darüber zu verbreiten, oder dem einfach gleichgültig gegenüberzustehen ... Diese Gruppe lehnt es ab, Scientology bei Außenstehenden zu kritisieren oder schlechtzumachen. Diese Gruppe macht der Presse keinerlei Mitteilungen über Scientology." „Diese Gruppe" hat auch einen sogenannten Ehrenkodex, der mit dem christlichen Glauben in keiner Weise mehr zu vereinbaren ist. Dort heißt es unter anderem:
>
> 4. Setze Dich niemals selbst herab und verkleinere nie Deine Stärke oder Macht.
> 5. Benötige niemals Lob, Bewunderung oder Mitleid.
> 6. Schließe niemals Kompromisse mit Deiner eigenen Realität.
> 7. Erlaube niemals, daß Deine Zuneigung verunreinigt wird.
> 8. Gib und empfange keine Kommunikation, wenn Du nicht selbst es wünscht.
> 9. Deine Selbstbestimmung und Deine Ehre sind wichtiger, als Dein unmittelbares Leben ...
> 10. Bedauere niemals das, was gestern war.
> 11. Das Leben ist heute in Dir, und Du machst Deine Zukunft.
> 12. Fürchte niemals, einem anderen in einer gerechten Sache weh zu tun ..." (L. Ron Hubbard).

Besonders der letzte Grundsatz hat in der Menschheitsgeschichte schon viel Unheil gebracht. Weder die Inquisitoren noch die KZ-Wächter haben sich gefürchtet, „einem anderen in einer gerechten Sache weh zu tun".

Es dürfte nur wenige Menschen und Systeme geben, die ihre Sache nicht für eine „gerechte" Sache halten. In Deutschland wird unter anderem – wohl für die Öffentlichkeit – auch ein sprachlich harmloser klingender Text verwendet.

Die „Kirche"

Lange nach der Schaffung von Dianetics und Scientology wurde aus Scientology plötzlich eine Kirche. Hubbards Widersacher sahen darin den Versuch, lästigen behördlichen Nachprüfungen zu entgehen. Eine Religionsgemeinschaft hat nun einmal größere Freiheiten als eine Firma, die Kurse verkauft.

Hubbard hatte eine schon vorher bestehende „The Church of American Science" übernommen, die im religionsgesetzlich überaus liberalen Kalifornien in die „Church of Scientology" verwandelt wurde. Dort gibt es auch eine „Church of Satan" (Satanskirche), die als Religionsgemeinschaft eingetragen ist. Regelungen dieser Art sind jedoch für andere Staaten nicht verbindlich.

Nach und nach sind dann in der Scientology alle Elemente aufgetaucht, die den Scientologen für eine „Kirche" notwendig erscheinen: ein Kult, Gebete, ein Glaubensbekenntnis, Priester mit Amtskleidung.

Doch der sogenannte „Gottesdienst", die Zeremonien, wirkt ebenso wie das Glaubensbekenntnis äußerst steril und erweckt nicht den Eindruck, als ob es sich um gewachsene religiöse Elemente handle. Klar erkennbar wurden vor allem in den christlichen Kirchen vorhandene Elemente nachgeahmt oder als Muster genommen. Das gilt auch für die Amtstracht und einzelne Bestimmungen. Daß das Kreuzsymbol der Scientologen ein buddhistisches Symbol sein soll, hat schon manche Verwunderung erregt. Von den Scientologen wird jedoch abgestritten, daß es zusammen mit dem Begriff „Kirche" täuschend auf eine normale Kirchengemeinschaft hinweisen soll.

Der Kaufpreis für die unterschiedlichen Kurse und das Auditing wird als „Mitgliedschaftsbeiträge" in unterschiedlichen „Mitgliedsstufen" ausgegeben. In manchen Jahren wurden die

Kurse monatlich um jeweils fünf Prozent versteuert. Zwar wird damit geworben, daß man sein Geld bei „Nichtgefallen" wieder zurückerstattet bekäme. Wer sein Geld wiederhaben möchte, sieht sich jedoch mit erheblichen Beschwernissen konfrontiert. Oft bleibt nur der Weg zum Rechtsanwalt.

1982 wurden aus steuerlichen Gründen alle Rechte am Namen L. Ron Hubbard (inklusive Unterschrift) sowie andere geschützte Begriffe an ein „Religious Technology Center" verkauft, das damit die „Kirche" beherrscht.

Verbreitung und Konflikte

Die Scientologen haben unter anderem behauptet, ihre „Religion" sei die am schnellsten wachsende Religionsgemeinschaft, die es zur Zeit gibt. Etwa 15 bis 20 Millionen Menschen sollen von Hubbards Heilsmethoden erfaßt worden sein. Die Zahlen sind fragwürdig und nicht überprüfbar. Für Deutschland wurden schon in den siebziger Jahren bis zu 70 000 Mitglieder angegeben. Viele Kurs-Käufer haben sich jedoch bald abgewandt. In vielen Fällen hatten sie auch nicht gemeint, mit dem Kurskauf „Mitglied" der Scientology-Kirche geworden zu sein. Die Scientology-Bewegung ist vor allem in Ländern der westlichen Welt verbreitet. In Großbritannien, Südafrika, Australien, Neuseeland gab es schon öffentliche Untersuchungen. In Italien wurden 1986 die Scientology-Büros polizeilich durchsucht.

In den USA gibt es schon seit Jahren schwere Auseinandersetzungen mit den Scientologen. Justiz, Food & Drug Administration, Internal Revenue Service (Steuerbehörde) und andere Dienststellen, zuletzt das FBI, mußten sich mit Scientology beschäftigen und gerieten in scharfe Auseinandersetzungen. Untersuchungen des FBI förderten Unterlagen über schwere gesetzeswidrige Handlungen der Scientology zutage. Elf führende Scientologen, darunter die Frau des Gründers, Mary Sue Hubbard, und der „Guardian World Wide" Jane Kember, wurden wegen schwerer Verbrechen angeklagt. Schuldanerkenntnisse führten zur Verhängung hoher Gefängnisstrafen.

In Frankreich wurde der Gründer Hubbard zusammen mit anderen führenden französischen Scientologen zu Gefängnis- und Geldstrafen verurteilt. Nur der Geringstbestrafte wurde wegen für ihn sprechender Umstände (darunter seiner mangelhaften Bildung) in der Revision freigesprochen. Die Scientologen vermarkteten dieses Urteil als „Gewinn“: Sie seien „in Frankreich als Religion anerkannt.“ Tatsache ist, daß eine Anerkennung einer Religion in Frankreich gesetzlich unmöglich ist.

Tatsache ist auch, daß für Mr. Hubbard dort weiterhin die gerichtlich zuerkannte Strafe wegen Betrugs bestehen blieb.

Die aggressiven Methoden der Scientology werden auch immer wieder zu Konfrontationen führen. Scientologische Aktivitäten sind unter anderem das Drogenrehabilitationsprogramm „Narconon e.V.“, das sich ungewöhnlich hohe Erfolgsquoten zuschreibt, jedoch von Drogenfachleuten schon stark kritisiert wurde, eine „Kommission für Polizeireform“, eine „Kommission für Verstöße der Psychiatrie gegen Menschenrechte“, eine „Vereinigung verantwortungsbewußter Geschäftsleute“ sowie „Toleranz“-Vereinigungen, die anscheinend vorrangig gegen Scientology-Kritiker vorgehen, zum Beispiel eine „Gesellschaft zur Förderung religiöser Toleranz und zwischenmenschlicher Beziehungen“.

Zwei weitere Aktivitäten sind:

„F. SEF. – Freunde des ‚Sichere Umgebung Fonds‘“: Sie sammelt Geld, um einen „Beitrag zur Sicherung der ‚Religionsfreiheit‘“ zu leisten. Es ist damit zu rechnen, daß mit diesem Geld Attacken gegen Kritiker finanziert werden sollen.

Gefährlicher ist das Auftreten einer Gruppe, die sich „ZIEL e.V.– Zentrum für individuelles und effektives Lernen“ nennt und die Hubbards Methoden jetzt als Lehr- und Lernhilfe verkauft. Von diesem Hubbard-Verein werden auch Schulkinder missioniert.

Neuerdings wird scientologisches Know-how in Schulungskursen und als „Mitarbeitertraining“ (gegen Bezahlung) bei zweifelhaften Unternehmen (zum Beispiel der Anlagen- und Versicherungsbranche oder des Immobilienmarktes) verwendet. Die „Mitarbeiter“ geraten damit, ohne es zu wollen, in Bedrängnisse psychischer, arbeitsmäßiger und finanzieller Art. Zu nennen sind hier vor allem die scientologischen U-man-Personaltests (auch „P-Tests“), die auch bei Einstellungsprüfungen seriöser Firmen hier und da Verwendung finden.

Beurteilung aus christlicher Sicht

Der Arbeitskreis der VELKD (Vereinigte Evangelisch-Lutherische Kirchen in Deutschland) für Freikirchen und Sekten kam nach der Beschäftigung mit Scientology und der Sea-Org zu dem Schluß: „Scientology ist eine späte modernistische Weltanschauung mit geringen religiösen Elementen. Religion wird als ‚Studium der Weisheit‘ verstanden.“ Es muß wohl in der Tat bezweifelt werden, ob Scientology eine Religion im üblichen Sinne des Wortes ist. Eine Religionsgemeinschaft hat im allgemeinen besondere rechtliche und steuerliche Vergünstigungen. Es ist daher zu fragen, ob die Errichtung einer „Scientology-Kirche“ nicht auch unter diesem Aspekt betrachtet werden muß.

Die religiösen Zeremonien der Scientology-„Kirche“ sind nach christlicher Auffassung ungültig. Sie können als kirchlicherseits nicht anerkannt werden. Die christlichen Kirchen werden prüfen müssen, ob eine aktive Teilnahme an diesen Zeremonien nicht als Lossagung von der christlichen Konfession, der man bisher angehörte, verstanden werden und ob, trotz ständiger gegenteiliger Beteuerungen seitens der Scientologen, die Übernahme bestimmter Funktionen in der Gemeinschaft nicht ebenfalls als Trennungshandlung gewertet werden muß. Besonders der scientologische Ethikbegriff ist mit dem christlichen nicht vereinbar.

Die schon zitierte Stellungnahme des VELKD-Arbeitskreises kommt zu dem Schluß:

„Die Teilnahme an der Zeremonie der Namensgebung oder der Vollzug dieser Handlung an eigenen Kindern muß als Selbstausschluß von den kirchlichen Rechten angesehen werden. Dies gilt in besonderem Maße für die Annahme der ‚Ordination'."

Bei Scientology handelt es sich um eine Weltanschauung zur Selbsterlösung und Selbstbefreiung. Die von Hubbard den östlichen Religionen entlehnte Wiederverkörperungslehre verschärft in ihrer Einbettung in das scientologische System nur die Distanz zum christlichen Glauben. Scientology trägt nach Hinweisen der Gemeinschaft selber stark religionsmischende (synkretistische) Züge.

Was von der Hubbard-Lehre zu halten ist, zeigte die Überlegung, daß ein einziger „OT VIII" („Operating Thetan Grad VIII") hätte fähig sein müssen, die ganze Welt zu „heilen", da er angeblich über Materie, Raum und Zeit Macht gehabt habe. Dann aber wären Scientology und Dianetics überflüssig.

Es ist wegen des gesamten Systems nicht empfehlenswert, sich an Kursen oder Trainingsveranstaltungen der Gruppe zu beteiligen oder irgendeine Form „seelsorgerlicher Beratung" von ihr anzunehmen. Wenn Scientology als Religionsgemeinschaft behandelt werden will, muß sie als nichtchristliche atheistische Geld-Religion angesehen werden.

Die sehr umstrittene Person des Gründers fällt bei alledem weniger ins Gewicht als die Lehrinhalte und Handlungsweisen der Gemeinschaft und ihrer aktiven Mitglieder.

Wer sich auf den „Weg zur Totalen Freiheit" mit Hilfe von Scientology begibt, läßt sich auf ein Abenteuer ein, das er gar nicht übersehen kann. Die Inhalte der höheren Kurse kennt er nicht, sie sind geheim. Man wird ihm vorhalten, er könne sie noch gar nicht verstehen. Es wird also eine Glaubensleistung von ihm verlangt.

Der Glaube an Hubbard und die Sea-Org und an die von ihnen propagierte Lehre und Methode läßt sich jedoch mit dem christlich-biblischen Glauben nicht in Einklang bringen. Ethik wird von

Hubbard wie folgt definiert: „Ethik ist die Vernunft, die Betrachtung im Hinblick auf optimales Überleben."

Nimmt man Hubbard ernst, müßte sich dieses Überleben auf den „Thetan" (Geist) beziehen. Der aber ist ja sowieso unsterblich! Dem christlichen Ethos entspricht diese Ethik ebensowenig, wie dieses „Überlebensziel" mit dem christlichen in Einklang zu bringen ist.

Prozesse

Ein Hinweis aus dem VELKD-Papier wird durch besondere Presserundschreiben der Scientologen bestätigt: „daß die Entwicklung von Scientology von scharfen Auseinandersetzungen und einer Vielzahl von Prozessen begleitet war".

Mit besonderen Pressemitteilungen versuchten die Scientologen selber auf die von ihnen geführten Prozesse aufmerksam zu machen. So ließ die Münchner Gruppe beispielsweise am 3.9.74 wissen, daß sie an einem und dem gleichen Tag vor ein- und demselben Gericht verklagte: die Max-Planck-Gesellschaft; einen Angestellten der Rechtsabteilung der Max-Planck-Gesellschaft; den Direktor des Max-Planck-Instituts für Psychiatrie in München; die Bundesrepublik Deutschland, vertreten durch das Bundeskriminalamt (BKA); den Chef des Bundeskriminalamtes; zwei namentlich genannte Beamte des BKA; den Bundesminister für Jugend, Familie und Gesundheit und den Bundesminister des Inneren. Anlaß war ein Bericht des BKA, das sich mit der Sekte beschäftigen mußte. Zuvor waren die genannten Personen und Institutionen zum Teil von Zweitorganisationen der Scientology in mehreren ausländischen Staaten mit teilweise horrenden Prozeßstreitwerten verklagt worden (in den USA an mehreren Orten, außerdem in Kanada, Großbritannien, Dänemark usw.).

Obwohl Hubbard behauptet, Kritik sei ein gutes Recht jedes Menschen, scheinen die Scientologen jedoch nicht zu dulden, daß sie selber kritisiert werden. Vielleicht haben die Prozesse und vor allem die Propaganda mit den Prozessen die Aufgabe, mögliche Kritiker abzuschrecken.

Über Kritiker sagt Hubbard in einem Aufsatz:

> „Der Kriminelle scheut das Licht. Und wir sind das Licht … Wann immer wir den Hintergrund einer Kritik an Scientology untersucht haben, fanden wir strafbare Handlungen, für die die Personen oder Gruppe – gemäß den existierenden Gesetzen – hätte ins Gefängnis kommen können. Wir fanden niemals Kritiker der Scientology, die keine kriminelle Vergangenheit hatten. Immer und immer wieder beweisen wir das.“

In dieser kaum als normal zu bezeichnenden Selbsteinschätzung dürfte der Schlüssel für die Aggressivität der Scientology gegen Kritiker zu sehen sein.

Scientology geht gegen Kritiker immer wieder auch mit unwahren Behauptungen und zur Lüge verbogenen Halbwahrheiten vor. Hier soll als Beispiel ein Leserbrief des Autors an die „Südwest-Presse“ (vom Dezember 1987) abgedruckt werden, der einen solchen Sachverhalt belegt und verdeutlicht:

> „In der Ausgabe vom 22.12.1987 hat die Scientology-Funktionärin Luise Berrang sich über mich dahingehend geäußert, ich hätte mir ‚ins Stammbuch schreiben lassen‘ müssen, daß ich ‚wissentlich und absichtlich falsche Informationen über die Scientology-Kirche‘ verbreite. Das ist zwar eine übliche, jedoch – wissentliche und absichtliche – Falschinformation seitens der Scientologen-Verwaltung. Tatsache ist, daß in erster Instanz (!) ich mit einer Klage gegen eine derartige Behauptung eines Scientology-Funktionärs keinen Erfolg hatte, da das Gericht die von mir inkriminierten Behauptungen (siehe oben) als dessen ‚Meinung‘ wertete. Das Urteil erlangte jedoch nie Rechtskraft und überlebte die zweite Instanz nicht. In dieser zweiten Instanz verpflichtete sich der Scientology-Funktionär rechtlich, von dem erstinstanzlichen (nicht rechtskräftig gewordenen) Urteil keinen Gebrauch zu machen.

Der Vorgang zeigt eines deutlich: Was man bei Scientology ‚Moral' nennt, ist nichts als nackter Gruppenegoismus. Die Gruppe geht mit der Wahrheit nach Gutdünken um. Der Funktionär, der in der zweiten Instanz seine Zusicherung unterschrieben hatte, wird durch andere ersetzt, die nun – wissentlich und absichtlich – falsch informieren.
Ich kenne diese bösartigen und teils rechtswidrigen Methoden der Verfolgung von Kritikern der Scientology aus eigener Erfahrung. Für mich – und für viele, die mit dieser oft einer mafiaähnlichen Organisation eher entsprechenden als einer nach unseren Maßstäben als Religionsgemeinschaft zu bewertenden Interessendurchsetzungsorganisation zu tun hatten – ist diese Organisation ein Muster für ungehemmten Durchsetzungswillen. Einer der Sätze des ‚Ehrenkodex' dieser Pseudoreligion lautet: ‚Fürchte nie, jemandem in einer gerechten Sache weh zu tun.' Und für gerecht halten die Scientologen (ohne Rücksicht auf andere) ihre eigene Sache allemal. Ein anderer ‚Ehrenkodex'-Slogan lautet: ‚Bedaure niemals das, was gestern war.' Die Geschichte der Organisation ist voller Handlungen und Ereignisse, für die sich ein anständiger Mensch schämen würde. Nicht so Scientology. Wir sollten uns hüten, derartige Gruppen Oberhand gewinnen zu lassen. Daß ‚gute Onkels' mit Schokolade locken, ist bekannt. Doch die pseudomoralische Broschüre ‚Der Weg zum Glücklichsein', die der ‚Verband verantwortungsbewußter (wohl im Sinne von Scientology) Geschäftsleute' verbreitet, enthält deutlich den Scientology-Kern. Und über den informierte das Magazin ‚Reader's Digest' mit dem Satz: ‚Diebe, Schlepper und Spione gehören zum harten Kern einer der gefährlichsten modernen Sekten.'"

Teile aus diesem Leserbrief dürfen jederzeit von jedermann verwendet werden, der irgendwo über die Scientology aufklären oder auf die Leserbriefe der Scientology-Funktionäre antworten will.

Die „Divine United Organizations“ (DUO) und „Divine Light Mission“ (DLM)

Entstehung und Entwicklung

Die „Divine Light Mission“ (Mission des göttlichen Lichtes, Hindi: Divya Sandés Parisad) wurde 1960 vom Vater des Guru Maharaj Ji, Sri Hans gegründet. Sie ist heute eine Bewegung zur Verbreitung der Lehren des indischen Gurus „Satguru Dev Param Hans Balyogeswar Sri Sant Maharaj Ji“ (10.12.1957). Das ist kein Name, sondern eine Anhäufung von Titeln und bedeutet in etwa: „Wahrer göttlicher Vertreiber der Dunkelheit, Enthüller des Lichtes, Höchste Seele, geborener Herr aller Yogis, Verehrungswürdiger Heiliger, großer König.“ Sein bürgerlicher Name lautet Prem Pal Singh Rabat.

Im November 1970 hatte der jüngste Sohn des verstorbenen Führers einer Hindusekte eine sogenannte „Friedens-Atombombe“ gezündet, mit der er die Mission in Europa und den USA einleitete. Die Idee scheint von der Mutter ausgegangen zu sein. Der Inhalt der Missionsbemühungen ist letzten Endes die Verehrung des Meisters.

Das Versprechen, mit dem die Guru-Anhänger werben, lautet: erkennen, wer man wirklich ist, Frieden finden, die vollkommene Ruhe beim Meister (Guru) erlangen. Darüber hinaus wird eine Meditationsmethode verbreitet, bei der die Neulinge vier Dinge meditieren und erleben sollen: das göttliche Wort, das göttliche Licht, die göttliche Musik und den göttlichen Nektar.

Im Jahr 1976 wurde der Divine Light Mission die vorläufig gewährte Gemeinnützigkeit gestrichen. Bei Veranstaltungen wird auch der Name „Divine United Organizations“ (DUO) benutzt. In England tritt die Gruppe unter Bezeichnungen wie „Elan Vital“ auf.

Lange Zeit lebten die Mitglieder in „Ashrams.“ Ashram bedeutet wörtlich „Schutz“. Gemeint ist der Schutz der Gemeinschaft.

Die Anhänger des Guru Maharaj Ji werden „Premies“ (Gott Liebende) genannt. Unter „Satsang“ versteht man einen bekehrenden Missionsvortrag, der in einem besonderen Raum gegeben wird.

In einem Satsang-Raum befindet sich ein Fußbodenaltar mit einem Bild des Gurus, manchmal steht das Bild auch auf einem imitierten Thronsessel.

Der Kontakt zur Familie beschränkt sich bei den Premies auf ein Minimum und hört bei Widerstand seitens der Angehörigen gegen die Bewegung meist gänzlich auf.

Der Guru

Ein Guru ist ein geistiger Führer, ein hinduistischer Meditations- oder Weisheitslehrer. Guru Maharaj Ji wird von seinen Premies auch als Gott verehrt. „The Lord of the Universe“, Herr des Universums, ist einer seiner Titel. „Lord“ ist auch das gebräuchliche Wort für Gott. Von Gottesverehrung sind auch die Songs durchdrungen, mit denen er verherrlicht wird:

> „Gnädig bist du mein Herr / Ruhe und Frieden kommen von Dir / Meer des Mitleids, Beherrscher des Universums / Heilig ist Dein Name: In Dir liegt die Befreiung.“
> „Der Guru ist der Vater des Alls/der Schöpfer der Liebe/der Herr des Universums“; „Bibel, Koran, Ramayana und Gita/Singen Deines Namens Ruhm“ usw.

Wenn der Guru von Gott redet, bleibt immer ein wenig unklar, was er wirklich meint. Sein Anspruch ist es, der „lebende vollkommene Meister für unsere Zeit“ zu sein und damit nach seinen Lehren gleichbedeutend mit Krisna, Buddha, Jesus und Mohammed, die alle zu ihrer Zeit solche „vollkommenen Meister“ gewesen seien. Nur, da er lebt, ist er für unsere Zeit seiner Meinung nach natürlich viel wichtiger.

In den Werbeflugblättern wird der Guru verherrlicht:

> „Die ganze Welt ist ein Strudel von Leiden, Verwirrungen, Zweifel und Angst, aber in der Mitte ist vollkommene Ruhe und Frieden, ist Guru Maharaj Ji, der lebende vollkommene Meister dieser Zeit." „Guru Maharaj Ji gibt uns das vollkommene Wissen um den Einen Weg ... Wer dieses Wissen praktiziert, ist mit Gott vereinigt."

Wenn der Guru seinen Anhängern verspricht: „Ich kann dir Gott zeigen", meint er sich selbst. Eine „Presse-Information" der DLM spricht es klar aus: „Seine Anhänger sehen in ihm eine direkte Inkarnation des Herrn, so wie es Jesus, Buddha, Mohammed und Krisna waren."

1974 heiratete der damals sechzehnjährige Guru seine acht Jahre ältere amerikanische Sekretärin. Sie wird von den Guru-Anhängern als Durga Ji verehrt. Mit der Eheschließung kam es zu Schwierigkeiten innerhalb der „heiligen Familie". Am 26. Oktober 1974 warf der Guru seiner vorher als „Mutter der Schöpfung" verehrten Mutter Mata Ji, dem ältesten Bruder Bal Bhagwan Ji und dem jüngsten Bruder Bhole Ji („Verkörperung der Musik und des Tanzes") „Mißbrauch der legalen Autorität" vor. Guru Maharaj Ji zu seinen Premies:

> „Ich wünsche, daß keine Premie mit solchen Leuten zusammenarbeitet."
> Der Sekretär des Guru: „Was immer Maharaj Ji tut, ist für das Wohl der Menschheit. Ob er heiratet, ob er dieses oder jenes tut – es ist zu unserem Wohl. Und es scheint wirklich offensichtlich, daß Maharaj Ji jetzt alles in die Hand genommen hat; er ist jetzt unabhängig."

Die Antwort der Mutter: Sie setzte den Guru wegen „playboyhaften Lebenswandels" ab und seinen ältesten Bruder unter dem Namen Sri Satpal Ji als Nachfolger ein. Die europäische Anhängerschaft folgte jedoch weiterhin dem „kleinen Guru".

Dieser gab seinen Anhängern folgende Erklärung:

„Es ist komisch und lächerlich, zu behaupten, man habe mich meiner Funktion enthoben ... Niemand erschafft einen Guru. Er existiert aus sich selbst heraus. Niemand kann einen Guru machen, außer der Guru selbst. ich gebe meinen eigenen Job nicht auf. Diese Anschuldigungen haben mich nicht geändert. Sie werden bewirken, daß der Vollkommene Meister noch vollkommener wird."

Lehre

In der Zeitschrift „Materialdienst" wurde die Lehrgrundlage der DLM wie folgt beurteilt:

„Insgesamt scheint den Vorstellungen der Divine Light Mission am ehesten eine verwaschene und ins Universalistische gewandte Advaita-Philosophie zugrunde zu liegen. Also jene klassische hinduistische Überzeugung, nach der Brahman, der göttliche Urgrund allen Seins, und Atman, der innerste Kern des Menschen, eins sind, und deren religiöses Streben danach geht, in der Erleuchtung dieser Einheit inne zu werden."

In der Tat betont der Guru immer wieder, daß das Göttliche im Menschen liege. Dieses Göttliche werde er seinen Jüngern zeigen: in der Form des göttlichen Lichtes.

Dieses „göttliche Licht", Knowledge (Wissen), werde durch Meditation erlangt. In diese Meditation weihen der Guru oder seine Initiatoren ein. Knowledge könne nur in Verbindung zu Maharaj Ji erlangt werden. Knowledge sei „Liebe und Schönheit und Vollkommenheit". Es „offenbart sich allen, die es ernsthaft praktizieren". Es werde durch Einweihung geweckt und sozusagen im Vollzug erworben. Garant des Heils ist der Guru selbst. Alle Religionen, alle heiligen Bücher, alle Aussprüche von Religionsschriften werden auf ihn bezogen. Er ist der eigentliche Mittelpunkt der Lehre.

Darum hängen die Premies so an dem jungen Inder, der ein Luxusleben mit Rolls-Royce und Privat-Jets führt: In ihm ist für sie Gott gegenwärtig, weil er die Verbindung zwischen menschlichem Ich und Gottheit am vollkommensten darstellt. Gemäß der Wiederverkörperungslehre ist er eine Wiedergeburt aller „vollkommenen Meister“ vor ihm. Dem Guru beziehungsweise seinem verstorbenen Vater gelten die Zeremonien bei den Festen der Bewegung. Andere Götterbilder gibt es nicht. Das Bild des Gurus repräsentiert im Satsang-Raum dessen Gegenwart.

Knowledge

Als Guru Maharaj in den letzten Augusttagen 1975 sein „Guru Puja“-Fest feierte und die Anhänger „Verehrung seinen Lotosfüßen entgegenbringen“ durften (wobei jeder ihm eine Geldspende überreichte, „damit er sich etwas kaufen kann, was ihm gefällt“), teilte sehr zum Mißfallen der 8 000 Anwesenden ein Einzelkämpfer auf einem Flugblatt die streng geheimgehaltenen Knowledge-Anweisungen mit:

1. „Ziehen Sie sich eine Decke über den Kopf. Dann beobachten Sie Ihren Atem und lenken ihn vom Unterbauch in den Kopf zurück. Dabei können Sie den Kehlkopf leicht anziehen. Das soll der christliche Logos sein. Dabei sitzen Sie im Schneidersitz und haben die Hände auf den Knien, wobei Sie die Finger abspreizen und mit Daumen und Zeigefinger ein O bilden (30 Minuten) ... Logos ...
2. Stützen Sie, wieder unter der Decke, Ihre Arme auf ein T-förmiges Holzinstrument nach dem Muster der alten Weisen Indiens. Dann fassen Sie mit der linken Hand unter Ihr rechtes Armgelenk. Drücken Sie nun mit dem rechten Zeigefinger auf die Stelle zwischen den Augenbrauen. Mit dem

rechten Daumen drücken Sie von unten auf das geschlossene rechte Auge, mit dem rechten Mittelfinger von unten auf das linke Auge. Wenn Sie dann Licht sehen, soll das das Göttliche Licht sein ... 15 Minuten lang.

3. Drücken Sie mit beiden Daumen die entsprechenden Ohren zu und legen Sie die Hände an die Schläfen. Dann konzentrieren Sie sich auf das rechte Ohr. Wenn Sie dann das Blut rauschen hören, so müssen Sie eben warten, bis Sie eventuell später die himmlische Musik der Sphären hören ... 15 Minuten lang.
4. Legen Sie Ihre Zunge nach hinten, möglichst hinter den Gaumen. Dort lassen Sie sie bitte immer, außer beim Sprechen und Essen. Weitere Weisheiten sind etwa, daß der Sitz der Seele in der Leber sei etc. ..."

Aktivitäten

Zwei große Feste führen jährlich möglichst viele der Premies aus der ganzen Welt zusammen: „Hans Jajanti", ein Fest, das im November zu Ehren des 1966 verstorbenen Vaters des Guru, Sri Hans, gefeiert wird, und das „Guru Puja", in der Jahresmitte als Freudenfest für den Guru gefeiert. „Guru Puja ist das Friedensfestival, das von den Schülern des Vollkommenen Meisters zu seiner Verehrung gefeiert wird." Tausende ziehen zum Abschluß des Guru Puja an ihrem Idol vorüber und küssen seine „Lotosfüße".

In vielen Fällen gaben „Premies" Anstellungsverhältnisse auf, die ihnen nicht gestatten, zu den Guru-Festen zu fahren. Die finanzielle Belastung durch Reisekosten, Eintrittsgelder und Geschenksummen ist für die Premies recht groß. Bei einer inzwischen durchgeführten Reform wurde die Übermittlung des „Knowledge" an einen mehrere Stufen umfassenden Einführungsweg gebunden.

Beurteilung

Man muß zwischen drei Dingen unterscheiden: dem Guru Maharaj Ji als Person, seiner religiösen Stellung beziehungsweise seinen Glaubensverkündigungen und -ansprüchen und der Sehnsucht der jugendlichen Anhängerschar. Die religiösen Ansprüche müssen vom Standpunkt des christlichen Glaubens aus zurückgewiesen werden. Daß der Guru die Bibel mißbraucht, mag daran liegen, daß er sie gar nicht verstehen kann. Auch die für den Christen gotteslästerliche Gleichsetzung mit Christus ist wohl eher auf Unkenntnis als auf Berechnung zurückzuführen. Der Guru verkündet etwas vollkommen anderes als Jesus Christus. Es muß ihm überhaupt Leichtfertigkeit im Umgang mit dem Glaubensgut anderer Religionen vorgeworfen werden.

Über die Premies hieß es in einer kritischen Betrachtung in der Zeitschrift „Materialdienst":

> „In Gesprächen mit Anhängern der Divine Light Mission, in der naiven Leichtgläubigkeit, mit der die Schaumschlägereien des indischen Knaben hingenommen werden, bekundet sich immer wieder ein rapider Verfall geistiger Differenzierungs- und Kritikfähigkeit. Guru Maharaj Jis Premiegarten steht keinesfalls allein damit da. Aber die Symptome sind hier besonders deutlich."

Die Menschen, die beim Guru Zuflucht suchen, sind oft Studierende, Oberschüler, Angehörige des Mittelstandes. In der Tat drängt unsere Welt zu einem „rapiden Verfall geistiger Differenzierungs- und Kritikfähigkeit". Sie ist eine Normgesellschaft. Auch im geistigen Bereich. Doch vermutlich fliehen die jungen Menschen gerade vor dieser Normgesellschaft, die ihnen keine seelische Heimat, kein Nestgefühl zu bieten vermag. Die schon zitierte Quelle stellt dazu fest:

> „Guru Maharaj Ji hat eine Reihe von religiösen Urwörtern aufgegriffen und plakativ in den Vordergrund gerückt: Friede,

Glück, Wahrheit – aber auch Leiden, Dunkelheit. Es sind Wörter, die stark emotional aufgeladen sind und auf einer rational gar nicht mehr faßbaren Ebene elementare Entscheidungen herausfordern. Sie kommen zweifellos einer Grundstimmung vieler, vor allem junger Menschen in diesen frühen siebziger Jahren entgegen."

Ein Jüngling als Retter vor der hochtechnisierten Computerwelt – das kann wirklich nur gefühlsmäßig und nicht verstandesgemäß geglaubt werden. Gerade mit seiner naiven und einfachen „Komm zu mir – bei mir wirst Du Frieden finden!"-Werbung zieht er magnetisch die jungen Menschen an, die sich in ihrer Welt seelisch erkältet haben. Er bietet Nestwärme und geistige Einfachheit. Diese geöffneten Arme kennen keinen Numerus clausus.

Plötzlich wird alles Komplizierte bedeutungslos. Nur noch das eigene Dasein an der bergenden Brust des Guru-Heilandes ist im Blickfeld, und das Ziel, dieses erlebte Glück festzuhalten und weiterzuverbreiten. Es kann durchaus geschehen, daß junge Menschen für ihre Umwelt unansprechbar werden.

Eine Mutter, deren Tochter zum Guru gegangen war, erkannte ihr Kind fast nicht wieder:

> „Wir bekamen keinerlei menschlichen Kontakt mehr mit unserer Tochter. In Anwesenheit anderer Jugendlicher erklärte sie uns sehr ruhig, aber fanatisch, wir sollten sie in Ruhe lassen, sie müsse ihren Weg gehen. Da wir unsere Tochter nur als normales und fröhliches Mädchen kannten, erschreckte uns diese Wesensveränderung sehr. Sie behandelt uns wie Fremde, worunter auch ihre kleine Schwester leidet."

Dieser „ruhige Fanatismus" ist in der Tat kennzeichnend für die Entschlossenheit der Neubekehrten. Hier ist die Mutter nicht mehr Mutter, sondern ein Feind, der den gewonnenen Seelenfrieden zerstören will und sie aus der Geborgenheit wieder in die böse Welt und ihren Kampf zurückbringen möchte. Wie weit das Leben als Premie einen Menschen von der Realität entfernen kann, zeigt ein Brief, den ein Guru-Anhänger (Lehrer an einer Finanzhochschule) einer Frau schreibt, die der DLM ihr Haus vermietet hatte und die dadurch in erhebliche finanzielle Schwierigkeiten geriet:

> „Die meisten Mitglieder haben jedoch ganz erhebliche Schwierigkeiten, sich in der äußeren, insbesondere in der Arbeitswelt auch nur halbwegs zurechtzufinden. So sind viele Premies dauerarbeitslos oder Sozialhilfeempfänger. Aber das besagt nichts ... Der Weg mit meinem Meister ist, daß er mir allmählich aufzeigt, wo ich gehalten werde und wie ich fähig werde, diese Sachen dank seiner Gnade aufzugeben. Ich bin so dankbar, daß er mich gefunden hat und ich mich durch ihn führen lassen kann."

Die „Familie der Liebe/Kinder Gottes"

Entstehung und Entwicklung

Unter den neuen Jugendreligionen ist die Gemeinschaft der Heaven's Love („Familie der Liebe"), bis Mitte 1978 als „Kinder Gottes" bekannt, die eigenartigste und schillerndste. Bei ihr paart sich ein teilweise christliches äußeres Erscheinungsbild unter anderem mit Astrologie. Offenbarungen ihres als Prophet verehrten Führers sind durch Märchenbücher wie „Tausend und eine Nacht" oder Geschichten wie „Alice im Wunderland" ausgelöst worden. Die jungen Mitglieder zeugen Babys „für Gott", predigen totale Systemveränderung neben „revolutionärem Sex" und biblischem Fundamentalismus und missionieren durch sexuelle Hingabe.

Zu Beginn ihrer Missionstätigkeit wurden die damaligen „Kinder Gottes" von den Kirchen teilweise mit offenen Armen empfangen, weil man sie für „Jesus People" hielt. Mit ihrer Propaganda „Jesus ist besser als Hasch! Komm zu uns und sei geheilt", mit ihrem einfachen, besitzlosen Leben, ihren fröhlichen Tänzen und Gesängen hatten sie das Herz vieler Älterer, auch mancher Kirchenführer erobert. Währenddessen liefen in den USA schon Untersuchungen, die unglaubliche Dinge zutage förderten, die den guten Eindruck schnell getrübt hätten.

Sie selber haben es gut verstanden, sich „von Gott Türen öffnen zu lassen". Die „geöffneten Türen" in CVJM-Häusern, evangelischen und katholischen Kirchengemeinden, in Allianz-Gemeinschaften und bei wohlmeinenden Christen wurden von ihnen als Missionsgelegenheit gedeutet und genutzt. Denn der Gründer hält nichts von den Kirchen und ihren Mitgliedern. Seine Anhänger sind seiner Meinung nach die einzigen Kinder Gottes. Kirchenführer sind für ihn Teufelsfunktionäre, deren sich Gott zwar zugunsten der „Familie" bedienen mag, die aber ansonsten verloren sind.

Die „Kinder Gottes“ haben von Anfang an nichts neben sich gekannt. Sie stammen aus dem gleichen Gebiet, ungefähr aus der gleichen Zeit und aus dem gleichen religiösen Umkreis wie die Jesusbewegung: dem kalifornischen Hippie-Land der mittsechziger Jahre. Doch sie sahen in den Gruppen und Verkündern der Jesusbewegung, die teilweise schon vor ihnen da waren, Nachäffer, Betrüger, scheinheilige religiöse Geschäftemacher. Ihnen gilt nur, was ihr MO beziehungsweise Vater David beziehungsweise David Berg getan und gepredigt hat.

Für die Kirchen aber findet David Berg besonders harte Worte: „Gräber voller toter Menschenknochen“. Sie sind für ihn voller „Begrenztheit, Dunkelheit“ und „stechendem Gestank religiöser Verwesung“, eine „schlimme Schablone der Särge der Toten“. Kirchenführer sind „diese selbstgerechten, fundamentalistischen, legalistischen, puritanischen, habgierigen und erbarmungslosen Kirchenoberhäupter von heute, die Jesus dann schließlich kreuzigten und die uns am liebsten auch kreuzigen würden“ oder aber die „modernistischen, liberalen, ungläubigen, humanistischen Anbeter des Menschen, des Reichtums und der höheren Bildung“.

Seine Gefolgsleute sind „diese armen, niedergetrampelten, ausgebeuteten, hintergangenen, mißbrauchten und verfolgten Klassen der von Armut geschlagenen Masse, aus denen die Kirche Handelsware gemacht hat.“

Die „Familie der Liebe/Kinder Gottes“ wurde von ihrem Führer „Vater David“ (alias „MO“) 1979 in den Untergrund geschickt. Nur so konnten sie möglichen Verfolgungen entgehen. Eine Zeitlang lebten ihre Mitglieder unter Privatadressen. Danach leisteten die meisten einer neuen Anweisung ihres Leiters Folge, der ihnen den Kauf von „Mobile homes“ (Wohnautos) empfahl, um sie dadurch unangreifbarer zu machen. Die Bezeichnungen der Bewegungen ändern sich ständig (zur Zeit „Heaven's Love“, „Heavens's Magic“ und andere).

Man hat jedoch festen Kontakt zur Gesamtorganisation, an die man auch Geld senden soll und von der die „Vater-David“-Briefe (MO-Briefe beziehungsweise „True Comix“) kommen. In seinem

Brief „Going underground" riet Berg unter anderem, daß sich die Mädchen als Prostituierte anmelden könnten, um so ungehindert der „Sexualmission" der Gruppe nachgehen zu können. Seit 1985 gehören zur Familie der Liebe etwa 10 000 Mitglieder, darunter ungefähr 4500 Erwachsene und 5500 Kinder. Die in der Gruppe geborenen Kinder (die ab dem zwölften Lebensjahr als erwachsen und heiratsfähig gelten) stellen wohl die schwerste Hypothek der „Family of Love" dar.

Der Vater der „Familie"

Der Gründer stammt aus einer Familie mit sehr bewegter religiöser Vergangenheit. Sein in Schweden gebürtiger Vater Hjalmar Berg war Prediger bei einer „Christian Church", mußte aber wegen Visionen seiner Ehefrau Virginia, geborene Brandt, das Predigeramt verlassen. Das Ehepaar ging in den „vollzeitigen Evangelisationsdienst", das heißt, es gründete eine Art Evangelisationsteam. Der Name dieser kleinen Sekte lautete „Church of the Open Door – Central Alliance Church" (Kirche der offenen Tür – Zentrale Allianzkirche).

Die Mutter nannte sich von da ab Virginia Brandt-Berg und gilt auch heute noch bei den „Kindern Gottes" als Prophetin und Visionärin. Berg wurde am 18.2.1919 geboren. Auch um seine Geburt rankten sich sogleich Prophezeihungen. In seinem Lebenslauf teilt er mit:

> „Viele Propheten Gottes prophezeiten über mich, daß ich vom Mutterleib an mit dem Heiligen Geist erfüllt sei, wie Johannes der Täufer. Es war vorausgesagt worden, daß ich viele große Dinge tun würde ... Davon abgesehen, gaben meine Jugendjahre wenig Hinweis auf eine künftige Größe."

Bescheidenheit ist Bergs Stärke nie gewesen. David Berg wurde Prediger wie sein Vater. Er eckte jedoch mit seinen Verkündigungen in den kleinen Gemeinschaften häufig an. Hier mag sein Haß auf die Kirchen entstanden sein.

> „Obwohl ich das Kirchengebäude mit meinen eigenen Händen erbaut hatte und den größten Teil des Geldes für seine Materialien und unsern eigenen Unterhalt von Freunden draußen beschaffe, kontrollierte die Kirchenhierarchie das Eigentumsrecht. Auch einige wohlhabende Feinde, denen meine Predigten und meine Weisungen das schöne Backsteingebäude zu verputzen, nicht gefiel, kontrollierten den Ausschuß und hatten mich sehr schnell mitsamt meiner kleinen Familie aus einer werdenden Mutter und drei Kindern auf die Straße gesetzt, ohne einen Pfennig, ohne Arbeit, ohne Heim! Zu dieser Zeit war ich schon überzeugt von der Untauglichkeit und Unschriftmäßigkeit des Kirchensystems und seiner korrupten Politik, die ich als junger Pastor erlebt hatte, zusammen mit der überwältigenden Heuchelei seiner Führer und Anhänger."

Wie seine Mutter stieg David Berg in die eigene Evangelisationsarbeit ein. Von ihr wurde er auch mit Visionen unterstützt. Schon 1952 erhielt er eine „Berufung Hesekiels", 1962 eine „Botschaft von Jeremia", 1965 eine Weltende-Warnungs-Prophezeihung und schließlich 1970 eine (falsche) Weltende-Enthüllung. Letztere schon in eigener Regie, denn „Grandma Virginia" war 1968 verstorben.

Überall, wo David Berg mit seiner kleinen Jüngerschar auftauchte, kam es zu Konflikten. Er scheint sie regelrecht gesucht zu haben. Die Gruppe nimmt den Namen „Kinder Gottes" an; absolute Besitzlosigkeit, absoluter Gehorsam gegenüber den Anführern sind vorgeschrieben; man trennt sich völlig von der Familie, dem Beruf, dem ganzen bisherigen Leben. Unter dem zusammenhaltenden Druck der Gruppe kommt es zur Heilung von Rauschgiftsüchtigen, was enorme Publicity mit sich bringt.

5000 Kilometer zieht die Gruppe durch Nordamerika, von Camp zu Camp, bis schließlich in der Nähe von Montreal eine eigene Glaubensgemeinschaft gegründet wird:

> „In den Laurentide Bergen bei Laurentide in der Nähe von Montreal. Hier hatten wir unsere erste offizielle Versammlung und wurden eine erkennbar organisierte, religiöse Gemeinschaft. Wir ordinierten ungefähr 50 Bischöfe, Älteste, Diakone und Diakonissen ... Das war im Herbst 1969."

Bald aber zieht sich David Berg, der sich nun Mose David oder MO nennt, vollkommen aus der Öffentlichkeit zurück. Niemand weiß, wo er lebt. Vermutlich fürchtet er sich vor den Eltern seiner jugendlichen Anhänger.

> „Ich habe in den letzten paar Jahren meiner Gesundheit und Sicherheit wegen in völliger Zurückgezogenheit gelebt, um so mein Leben vor allen unnötigen Aufregungen zu bewahren, die einen gefährlichen Herzanfall herbeiführen könnten ... Die einzige Verbindung während meines selbstgewählten Exils ist die Post, oder manchmal ein Kurier, und das selbst durch ein so kompliziertes Nachsendesystem, daß selbst meine eigenen Kinder meistens nicht wissen, wo ich bin."

Für die Eltern seiner jungen Anhänger findet Berg wenig gute Worte. Er spricht von ihrer „kostspieligen, sinnlosen, lächerlichen Narrheit", wenn sie ihre Kinder zurückhaben wollen. Nennt sie „wahnsinnige Unholde".

> „Wundert es Euch also, daß ich ... lieber unbekannt, anonym und in größter Abgeschiedenheit bleibe, wenn so verrückte Leute wie die eben beschriebenen (die Eltern) mit Schußwaffen in der Hand herumlaufen und tatsächlich drohen, mich zu töten ... weil sie so wahnsinnig eifersüchtig auf ihre Kinder sind, die ein vollkommen legales Recht haben, in unseren Kolonien zu sein?"

Daß Berg immer wieder von Wahnsinn redet, scheint Gründe zu haben. Er scheint sich viel mit geistiger Abnormität zu beschäftigen. Von manchen wird er für psychisch erkrankt gehalten.

Als gegen Ostern 1973 sein Sohn auf dem Genfer Mont Saleve „beim Beten verunglückt“ (es gab Gerüchte über Selbstmord), erscheint Berg nicht zur Beerdigung seines Ältesten, der wie seine drei Geschwister einer der wichtigsten Apostel der neuen Bewegung gewesen war.

Berg hat inzwischen eine zweite, ungefähr 40 Jahre jüngere Frau („Maria“) geheiratet. 1977 wurde er von Journalisten in Teneriffa aufgespürt, wo er ein Playboyleben führte. Kurz darauf tauchte er wieder unter. Seitdem hält er seine Anhänger weiterhin per Brief zum „Flirty Fishing“ (der Missions-Prostitution) an und dirigiert sie in Weltgegenden, in denen er sich größere Gewinne und Erfolge erhofft (seit 1981 vor allem Indien und Südamerika).

Heute leben David Berg und Maria vermutlich in Portugal. Die Führung der Bewegung übernahmen Tochter Faithy (Dietrich) und Sohn Jonathan (der die Abkürzung seines „geistlichen Namens“ Ho – von Hosea – in Hongkong als Familiennamen legalisieren ließ). Er lebt mit zwei Frauen (Esther und Ruthy) und einer stattlichen Kinderschar auf der Insel Coloane vor Macao.

Bergs Lehren

Berg verlangt von seinen Jüngern radikale Abkehr von ihrer bisherigen Lebensweise und Umwelt und von den bisherigen Religionsgemeinschaften. Und er verlangt vor allem Gehorsam.

Gehorchen, „wie ein kleines Baby seiner Mutter gehorcht“, heißt die Anweisung:

> „Es ist wichtiger, deinen geistigen Eltern, Ältesten und Leitern zu gehorchen und zu folgen als deinen leiblichen Eltern, Ältesten und Leitern.“

Selbst wenn diese „geistigen Eltern“ Unrechtes befehlen, rät MO, ihnen zu folgen.

> „Gehorche deinen Eltern (im *Herrn*) *in allen Dingen!* Eph. 6:1 und Kol. 3:20; Wenn sie im ‚Unrecht' sind, wird Gott deinen Glauben in Hebr. 13:17 belohnen müssen. Du bist besser dran, einem von Gottes Leitern zu folgen, der einen ‚Fehler' gemacht hat, als auf eigene Weisheit zu vertrauen (Spr. 3:523:4), das ist auf Menschen vertrauen (dich selbst), was einen Fluch mit sich bringt (Jer. 17:5)".

Immer wieder ist den Anhängern Bergs vorgeworfen worden, sie würden auf Geheiß ihrer Anführer sogar Verbrechen begehen. In der Tat ist es zu solchen Verbrechenshandlungen gekommen. Vielleicht wird man Berg die Schuld nicht anlasten können, sondern feststellen müssen, daß Aussteigergruppen mit einer solchen absoluten Gehorsamsgläubigkeit auch leicht von skrupellosen Elementen mißbraucht werden können.

Es könnte natürlich auch sein, daß durch diesen bedingungslosen Glauben an die eigene Gruppe bei Taten gegen Außenstehende oder gar Gegner kein Schuldbewußtsein mehr vorhanden ist.

In einem Report über die „Children of God" in der „Ökumenischen Rundschau" wurde regelrecht von einer „Kriminalisierung des Jesusglaubens" gesprochen.

> „Sie (die Führer) sagten uns, Jesus habe ihnen gesagt, was sie befehlen, müssen wir tun. Wenn sie uns sagen, sprengt eine Bank in die Luft, dann müssen wir's tun, weil Gott durch sie spricht."

David Berg distanziert sich zwar von derartigen Vorkommnissen; seine internen Briefe an die Gruppe stehen jedoch mit ihren Anweisungen oft selber außerhalb der durch Ordnung und Gesetze abgesteckten Grenzen. Nach Bergs Lehren leben wir in der allerletzten Endzeit. Gegen die USA und Israel hegt er einen abgrundtiefen Haß.

Letzte Hilfe vor dem Untergang sei die Revolution der Berg-Jünger. Sie seien die rettende Arche. Sie haben sich radikal von der dem Untergang geweihten Welt abgesetzt. Durch „neue Namen“ bezeugen die Neulinge ihre Abkehr von der Welt und ihren Eintritt in die Familie der Kinder Gottes. Namen wie „Ephraim Gebirge“, „Sara Sunshine“ oder „Perle Tor“ werden den Neulingen von der Gruppe beziehungsweise deren Leiter gegeben. Anfangs waren die Namen nur der Bibel entnommen.

Völlige Ergebenheit gegenüber der Gruppe wird als Ergebenheit gegenüber Gott gewertet. Der bekannteste Song der Kinder Gottes lautete:

> „Du mußt ein Baby sein, du mußt ein Baby sein, um in den Himmel zu kommen.“

Die Bibel wird einerseits streng buchstabengläubig benutzt und wortwörtlich auswendig gelernt. Daneben aber treten Offenbarungen und Prophezeihungen von Berg, die entweder von der Bibel oder auch von Märchenbüchern inspiriert sein können. Durch „Aladins Wunderlampe“ wurde Berg zum Beispiel eine Offenbarung über Gaddhaffi als Herrn der Welt zuteil.

Die Lehren werden durch sogenannte MO- oder „Vater David“-Briefe vermittelt. Außer den für die Öffentlichkeit bestimmten Briefen (GP = General Public) gibt es solche für Anhänger und nahe Freunde (DFO = Disciples Friends Only), „nur für Mitglieder“ (DO = Disciples Only), für Leiter und Unterführer (LTO = Leaders and Trainers Only) und LO-Briefe (Leaders Only). Sogenannte „True-Comix“-Briefe mit Comics sollen vor allem auch Kinder ansprechen.

In den Briefen fanden sich von Anfang an sexuelle Themen („hügelige Maid“, „Gottes Huren“, „Die Priesterin der Liebe“, „Gottes Liebes-Sklave“, „Jesus und Sex“, „Gottes Busen“; in dem „Members-only“-Brief „Revolutionary Love-Making“ werden Sex-Ratschläge bis hin zu einer Entjungferungsanleitung gegeben. In dem Brief „Die Kristallpyramide“ vergleicht MO die Beziehung zwischen ihm und seinen Kindern Gottes mit einem Geschlechtsakt („Gerade der Widerstand des Körpers der Frau gegen den des Mannes dient nur dazu, seine Erregung zu beschleunigen ...“) und verliert sich schließlich in schockierenden Kindlichkeiten:

> „Warum zeigt Gott uns solche kleinen kindlichen Bilder? Weil wir seine Kinder sind und weil wir Bilder lieben! Unseren Kindern gefällt es, mit MO in Gottes Kino zu gehen! Amen? – Samstagabend in Gottes Kino mit MO! – Ha!“

Bergs Einstellung zum Christentum schwankt von totaler Verständnislosigkeit bis hin zu fanatischer Ablehnung.

Die kirchliche Kindertaufe gilt ihm als wirkungslos. Eine feste Taufpraxis gibt es bei den Kindern Gottes allerdings nicht mehr. Anstelle der öffentlich vorgenommenen Wassertaufe gibt es eine „Geistestaufe durch Handauflegen“ ohne Wasser.

Das Abendmahl wird in ziemlich freier Form „zum Gedächtnis an Jesus“ gefeiert. Es wird ein Abendmahlskapitel aus der Bibel vorgelesen, Brot und Wein werden gesegnet und gegessen und getrunken. Hin und wieder wird ein Gebet gesprochen. Anschließend empfiehlt „Vater David“ Gruppensex.

Eine der Töchter Bergs, die sich von ihrem Vater abwendete, hat einen erschreckenden Bericht über die Perversität und Wahnhaftigkeit ihres Vaters veröffentlicht (D. Davis, „Die ungeschminkte Wahrheit. Die Geschichte der ‚Kinder Gottes‘, erzählt von der Tochter des Sektengründers Moses David“, Aßlar 1985).

Aktivitäten

In der „Familie der Liebe“ ist das Leben von ständigem Dienst geprägt. Früher ging man auf Straßen und Plätze und zu kirchlichen Großveranstaltungen, um mit netten und melodischen Liedern und ansteckender Fröhlichkeit zu werben. Wenn sich Gelegenheit dazu bietet, werden MO-Briefe gegen Spenden verteilt. Diese Verteilung wird „lit-nessen“ genannt. Das Geld kommt in die gemeinsame Kasse und wird, soweit es nicht durch die äußerst geringen Lebenshaltungskosten verbraucht wird, an die Zentrale weitergegeben.

Persönlichen Besitz haben die Kinder Gottes/Familie der Liebe nur insoweit, als sie ihn auf dem Leib tragen oder zum Missionsdienst benötigen. Ein Umhängebeutel (für MO-Briefe) gehört dazu. Ständig sind sie auf Wanderschaft. Die Leitung ist streng hierarchisch. Die Gliederung sah bis Februar 1978 folgendermaßen aus: Premierministerium, Ministerium, Erzbistum, Bistum, Region, Distrikt, Kolonie. Die jeweils übergeordnete Stelle war für die untere absolute Autorität. An der Spitze der Gemeinschaft stand der „König" und Prophet David Berg, alias „MO".

Mit dem DO-Brief Nr. 650 „Re-Organisation, Nationalisation, Revolution" (Januar 1978) veränderte Berg die Struktur seiner Bewegung. Die gesamte „Hirten"-Hierarchie wurde abgesetzt. Fortab sollte es nur noch den „Colony Servant" geben, und dessen Begleiterin sollte den Titel seiner „Magd" tragen. Als Vermittlungsorgan zwischen Berg und den neuen „Dienern" sollte es in jeder Nation ein „Service Center" unter der Leitung eines „Service Center Servant" geben. Berg nennt diese neue Struktur, die er angeblich zur Entlastung der armen „Litnesser" eingeführt hat, selbst eine „direkte Diktatur".

Man wird in diesem Schachzug sowohl den Versuch sehen müssen, der mit dem Namen der Familie der Liebe/Kinder Gottes verbundenen Kritik zu entgehen, als auch eine Gegenwehr des Gründers gegen die zu stark gewordene Funktionärshierarchie. Als reisende Aufseherin fungiert heute weltweit die Berg-Tochter Faith Dietrich.

Der Gruppe wurde schon sehr frühzeitig von ihrem Führer ein recht ungewöhnlicher Weg vorgeschrieben: Mit Hilfe des sogenannten „Flirty Fishing" sollten die Anhänger Neue in die Gruppe „hineinlieben" und dazu auch ihren Körper als Missionsmittel einsetzen. Der Berliner Leiter der „Kinder Gottes/Familie der Liebe" weist im Januar 1979 Vorwürfe zurück, daß das „Flirty Fishing" als Prostitution bezeichnet werden könne: „Es handelt sich dabei eher um eine Sexualmission ... Geld ist niemals die Motivation bei einer solchen Beziehung." In dem MO-Brief „Das Gesetz der Liebe" wird auf dem Titelbild neben dem gekreuzigten Jesus ein nacktes Mädchen auf einer Couch, mit einem Nagel in ihrer Scham, gezeigt und die Frage gestellt: „Kann ein Sofa Dein Kreuz sein? Bist du willig, Dich nageln zu lassen?"

In besonderen Briefen beschreibt der offensichtlich etwas abartig veranlagte Berg die „Abenteuer“ seiner Liebesmissionarinnen, darunter auch seiner jungen zweiten Frau.

In dem Brief „Eine Frau“ propagiert Berg die Auflösung der Ehe und der Familie. Treue wird als „Parteilichkeit“ angeprangert, die „an den Grundfesten kommunalen Lebens“ rühre. In diesem Brief gibt Berg auch einen Kernsatz seines Verhaltens zum besten: „Was immer für Gott und Seine Familie am besten ist, ist richtig“! „Seine Familie“ ist jedoch die „Familie der Liebe“, in der Berg allein Autorität hat.

Als Jonathan Ho (Bergs Sohn) vom Autor im Februar 1988 nach der AIDS-Vorsorge gefragt wurde, antwortete er: „Das brauchen wir nicht, Gott beschützt uns!“

Beurteilung aus christlicher Sicht

Bei der „Familie der Liebe“ (oder wie auch immer die Gruppe sich nennen mag) handelt es sich um eine eigenständige neue Jugendreligion. Ihre Quelle ist zwar der christliche Bereich, jedoch ist die Gemeinschaft außerhalb der Weltchristenheit einzuordnen. Der Trend vom christlichen Glauben und den christlichen Grundlagen weg zu einer eigenen Religion, begründet in der psychischen Verfassung und den (Wahn-)Ideen des Gründers David Berg, blieb letzten Endes stärker als der christliche Ansatz.

Junge Leute, die sich dieser Bewegung anschließen, entfernen sich von Christus und vom christlichen Glauben. Von ihren Kirchen haben sie sich auch dann getrennt, wenn sie keinen formellen Kirchenaustritt vollzogen haben. Man wird auch nicht darüber hinwegsehen dürfen, daß eine Hinwendung zu dieser Bewegung die zunehmende Gefahr einer Kriminalisierung mit sich bringt.

Bei Berg handelt es sich um einen religiösen Einzelgänger, der vermutlich eigene seelische Schwierigkeiten auf seine Anhänger beziehungsweise Untergebenen ablädt.

Ursprünglich hatte man stark mit angeblicher Drogenbefreiung geworben. In einem seiner nicht für die Öffentlichkeit bestimmten Briefe sagt der Gründer jedoch:

> „*Die Kinder müssen von dieser Idee abkommen, daß wir wie die Drogen-Rehabilitationszentren sind*, von denen wir in unserer Literatur und unseren PR-Broschüren geredet haben, weil wir es nicht sind!“

Die in der Gruppe geschlossenen Ehen, meist Frühehen, können durchaus auch später halten, wenn diese Praxis auch erhebliche Gefahren birgt. Belastend wird sich auf jeden Fall der radikale Abbruch der Berufsausbildung auswirken. Dies um so mehr, als sehr häufig die wichtigsten Lebensjahre zwischen dem 18. und dem 24. Lebensjahr betroffen sind. Eintritt in die Gemeinschaft der Kinder Gottes bedeutet also in vielen Fällen eine soziale Benachteiligung der Zeit „danach“. Noch belastender ist die „Flirty-Fishing“-Prostitution.

Weitere Jugendreligionen und ähnliche Gruppen

Anfangs waren es nur die fünf obengenannten Gruppen, die unter dem Stichwort „Jugendreligionen“ zusammengefaßt und beschrieben wurden. Einige von ihnen haben im Laufe der Zeit ihre Namen selbst verändert (so wurden die „Kinder Gottes“ zur „Familie der Liebe“, nennen sich aber heute auch „Heaven's Love“).

Bei anderen traten im Laufe der Zeit die eigentlichen Organisationsstrukturen stärker hervor, so daß sie von Beobachtern mit einem zusammenfassenden Oberbegriff bezeichnet werden (so erscheint heute die „Vereinigungskirche“ zusammen mit CARP, CAUSA und anderen als „Mun-Bewegung).“

Aber auch neue Gruppen wurden aufgrund ihrer Strukturen dazugerechnet, so daß in der 1979 erschienenen Arbeit „Jugendreligionen – Ursachen, Trends, Reaktionen“ schließlich der Verfasser auch folgende Organisationen als „Jugendreligionen“ klassifizierte und auflistete:

- die Neo-Sannyas-Bewegung des „Bhagwan“ Rajneesh (heute: „Osho-Bewegung“),
- die Transzendentale Meditation (TM) des Mahesh Prasad Warma (Maharishi Mahesh Yogi),
- die Ananda-Marga-Gemeinschaft und die PROUT des P. R. Sarkar (Shri Anandamurti Ji).

In der weiteren Diskussion (unter anderem staatlichen Berichten) wurden dann auch einige Gurubewegungen und „Psychokulte“ mit den Jugendreligionen verglichen. Es sind dies unter anderem

- die Chinmoy-Bewegung,
- das Ehrhard-Seminar-Training (EST) mit seinem „Hungerprojekt“ und sogar einer „Partei“,
- die „Europäische Arbeiterpartei EAP“ mit den „Patrioten für Deutschland“ und anderen Tarnorganisationen.

Diese Gruppen sollen hier nur kurz vorgestellt werden; im Anhang findet sich ein Verzeichnis mit weiterführender Literatur, wo man Näheres finden kann.

Die Bewegung des „Bhagwan Rajneesh" (heute: „Osho-Bewegung")

Die „Findungshilfe-Religion 2000" des Autors (München 1990) enthält zu dieser Bewegung folgende Informationen:

Rajneesh/Rajneeshismus: Bewegung um den am 11.12.1931 in Kuchwada bei Raisen (Madhya Pradesh/Indien) geborenen und nach eigenen Angaben seit dem 21.3.1953 erleuchteten Guru Rajneesh Chandra Mohan. Rajneesh wurde zuerst als Acharya (Lehrer), seit dem Umzug von Bombay in das Ashram in Poona als „Bhagwan" (Erleuchteter, Gott) von seinen Anhängern gefeiert. 1981 verließ er Indien, um in Oregon/USA seinen eigenen religiösen Stadtstaat Rajneeshpuram und eine „Religion des Rajneeshismus" zu gründen.

Rajneesh Foundation International, Inc., fungierte als die Trägerorganisation der sogenannten „Religion des Rajneeshismus". Ihre Präsidentin und Führerin seit der Gründung war Ma Anand Sheela (Sheela Silverman, Patel). Der RFI unterstanden eine Reihe von Firmen und sämtliche Neo-Sannyas Communen. Die RFI wurde Ende 1985 mit der Verurteilung und Exilierung von Rajneesh Chandra Mohan und der durch diese vollzogene Auflösung der offiziellen „Religion des Rajneeshismus" beendet. Die RFI war ihrerseits die Nachfolgerin der in Poona die Geschäfte führenden Rajneesh Foundation, die an die Stelle des ursprünglichen Jeevan Jagruti Kendra/Life Awaking Center (beziehungsweise Movement) getreten war.

Mit der RFI hatte Sheela versucht, die Rajneesh-Bewegung in festen Griff zu bekommen. Es wurden Firmen ausgeplündert (zugunsten von Oregon), Ashrams geschlossen, die Sannyasin willkürlich in andere Zentren befohlen und zu harter gewinnträchtiger Arbeit angehalten. Eine der Formen des Geldtransfers waren die Rolls-Royce-Geschenke der Zentren an den Guru.

Innerhalb der Bewegung wurde mit Verweis auf AIDS ein straffes, auch den vorherigen freien sexuellen Umgang straff reglementierendes System eingeführt. Gleichzeitig wurde die Bewegung in bis dahin ungekannter Form aggressiv gegen Kritiker und Nonkonformisten innerhalb der Bewegung, von denen einige dieselbe verließen. So entstand zum Beispiel die Organisation The Wild Goose.

Mit der Auflösung der RFI wurde auch die bis dahin rote Kleiderfarbe sowie das öffentliche Tragen der Mala aufgegeben. Rajneesh wurde zu zehn Jahren Haft verurteilt und unter der Auflage, das Land zu verlassen, mit Bewährung begünstigt.

Rajneesh mußte die USA als Vorbestrafter verlassen und siedelte wieder nach Indien über, das er jedoch bald wieder verließ, um nach einer ca. einjährigen Tour um die Welt, überall ab- oder ausgewiesen, wieder nach Bombay zurückzukehren. 1988 legte er den „Bhagwan"-Titel ab und nahm für kurze Zeit den „Buddha"-Titel an, um sich schließlich zuerst wieder als „Shree Rajneesh" und dann als Osho titulieren zu lassen (nach „Findungshilfe", S. 196 ff.).

Die Transzendentale Meditation (TM) des Mahesh Prasad Warma (Maharishi Mahesh Yogi)

Die Bewegung der Transzendentalen Meditation (TM), auch als Wissenschaft der Kreativen Intelligenz firmierend, wurde seit Ende der fünfziger Jahre von dem Inder Maharishi Maresh Yogi (bürgerlicher Name Mahesh Prasad Warma) propagiert, der in Indien jedoch nie einen religiösen Status gehabt hatte. Mittels sogenannter Mantras (Meditationssilben oder -sätze) sollen die TM-Ausübenden zweimal täglich 20 Minuten „meditieren". Die Mantras sind geheimzuhalten. Dem Meditierenden werden sie in einer als hinduistischer Verehrungsritus durchgeführten Einweihungszeremonie vom TM-Lehrer übergeben. In späteren Kursen, wie den sogenannten „Sidha-Kursen“, soll für erhebliche Beträge den Kursabsolventen sogar eine Technik zur Überwindung der Naturgesetze (Fliegen ohne Apparat) und des Alterungsvorganges („jünger werden durch TM“) vermittelt werden.

Die Kosten für die TM-Kurse belaufen sich auf Beträge zwischen einigen hundert und mehreren Tausenden von DM. Auch wenn die TM dies verneint, ist sie als religiöse Bewegung, auf dem Boden des Hinduismus angesiedelt, zu bewerten. Wenn die TM-Meditierenden sich auch nicht alle mit der Bewegung, ihrem Hintergrund und ihren Zielen identifizieren, so ist doch nicht davon abzusehen, daß die TM sich als Weltrettungs-Initiative versteht. Maharishi Mahesh Yogi hat zum Beispiel eine „Weltregierung des Zeitalters der Erleuchtung“ eingesetzt und behauptet, daß der Weltfriede durch TM gesichert werden könne. 1984 erklärte er Präsident Marcos von den Philippinen zum „Führer des Zeitalters der Erleuchtung“. TM wurde auch als Mittel zur Heilung von Krankheiten und zur Behebung von anderen Negativzuständen angepriesen. Sogar Flugkurse, bei denen man durch Meditation regelrecht „fliegen“ und abheben soll, werden angeboten.

Tatsächlich handelt es sich, wie jeder Augenzeuge bestätigt, um ein nicht müheloses, sondern eher anstrengendes Hopsen, bei dem die Beteiligten zum Schluß eher erschöpft auf den „Spezial-Flugmatten“, die das Hopsen unterstützen sollen, liegenbleiben. Die aufgetretenen „unglaublichen Glücksgefühle“ werden von Beteiligten, ehemaligen Ausübenden, als orgasmusähnliche Entspannungserlebnisse beschrieben. Daß die sogenannten Flugtechniken gemeinsam ausgeübt werden sollen, hängt mit den dann verstärkt auftretenden suggestiven Wirkungen zusammen. Wenn ein Prozent aller Menschen die TM-Technik ausübe oder auch nur ein Bruchteil der Menschheit (genau: die Quadratwurzel von ein Prozent) die „Flugtechnik“ praktiziere, werde der Weltfriede gesichert sein und der Autobahnstau zurückgehen, die Kriminalitätsrate sinken und der Dollarkurs steigen; es werde mehr Demokratie auf der Welt geben, usw. Diese Behauptungen haben sich bisher nirgends bestätigt.

Die Ananda-Marga-Gemeinschaft und die PROUT des P. R. Sarkar (Shri Anandamurti Ji)

Ananda Marga Pracharak Sangha wurde 1955 von dem indischen Eisenbahnbuchhalter Prabhat Ranjana Sarkar, genannt Shri Anandamurti Ji („Geliebte Leibhaftige Glückseligkeit") gegründet. Der im Oktober 1990 verstorbene Guru wurde von seinen Anhängern als Inkarnation Brahmas und „Baba" (Gott Vater) verehrt.

Die „Findungshilfe – Religion 2000", München 1990 gibt zu dieser Bewegung folgenden Kommentar:

Ziel der Bewegung sollte von Anfang an die Erstellung eines „neuen Menschen", des Sadvipra, des „neuen Moralisten" sein. Diese Sadvipras sollten die Welt mit Hilfe der Lehre des P.R. Sarkar vor dem ohne ihr Auftreten sicher drohenden Untergang retten. Daß die Bewegung immer wieder radikale, ja in nicht wenigen Fällen kriminelle Mittel zur Durchsetzung ihrer Ziele angewendet hat, hat ihr schwere Kritik und in Indien zeitweise Verbote eingetragen.

Ananda Marga bedeutet soviel wie „Weg der/zur Glückseligkeit"; die Anhänger bezeichnen sich als „Margis" (die auf dem Weg Seienden). Für das Mitglied ergibt sich nach einer speziellen Initiation (Einweihung) die von der Bewegung gewünschte Möglichkeit, sich als Vollzeit-Margi („Dada" = Mönch oder „Didi" = Nonne) auszubilden. Dazwischen liegt eine Stufe der LFTs (Local Full Timer). Versprochen wird eine spirituelle Höherentwicklung und das Mitwirken bei der Errichtung einer erstmalig wirklich gerechten Welt.

Gelehrt wird eine Mischung aus Tantra-Yoga, eine neue Sozialtheorie namens PROUT und eine Reihe von Durchsetzungstechniken, bis hin zur Kampfschulung. Die elitäre Selbsteinschätzung und der Glaube an die Erzwingbarkeit einer idealen Gesellschaft haben bei der Gruppe zu einer erheblichen Radikalisierung geführt. Besonders zur Zeit einer langjährigen Inhaftierung des Gurus (wegen Anstiftung zum Mord; später, nach dem Tod des einzigen Zeugen, in einer Revisionsverhandlung Freispruch ohne Haftentschädigung) kam es zu Selbstverbrennungen und -tötungen, Terror und Mordhandlungen und zu einer Vielzahl von Gesetzesübertretungen, darunter Raub und Drogenkriminalität. Es besteht eine Vielzahl von Tarn- und Unterorganisationen, offensichtlich ein Produkt buchhalterischen Ordnungsdenkens (nach „Findungshilfe", Seite 18).

Die Sri Chinmoy-Bewegung

Chinmoy Kumar Ghose (geboren 1931) wurde als Sri Chinmoy und als „Meditationslehrer der Vereinten Nationen" bekannt. Chinmoy gehörte zuerst der Bewegung um Sri Aurobindo an. Er trennte sich jedoch von dessen Bewegung und siedelte 1964 in die USA über. Er versteht sich als Lehrer des Bhakti-Yoga, des Yoga der Hingabe an das Göttliche. Repräsentant des Göttlichen ist nach Chinmoys Lehre jedoch der Guru. Nur er allein kann seine Jünger wirklich von der Karma-Last befreien. Dafür unterwerfen diese sich ihm bedingungslos. Der Glaube an Wiederverkörperungen sowie die Praxis eines totalen (sich auch auf Eier und Eierspeisen beziehenden) Vegetarismus gehören zu Sri Chinmoys Konzept. Sexuelle Enthaltsamkeit und Arbeit in den als „Divine Enterprises" (Göttliche Geschäfte) bezeichneten Unternehmungen der Bewegung sind für die Anhänger Chinmoys selbstverständlich.

Sri Chinmoy, der sich als „Director of the United Nations Meditation Group" (eine private Organisation des Gurus) bezeichnet, läßt sich gern mit den Großen seiner Zeit ablichten und sieht sich als den hervorragendsten Künstler seiner Epoche. Ein Werbeprospekt der Sri-Chinmoy-Bewegung über Sri Chinmoy:

> „Sri Chinmoy ist eine der außerordentlichsten Persönlichkeiten unserer Zeit. Ob er Gedichte schreibt, Musik komponiert, malt oder musiziert – überall öffnen sich neue Wege harmonischer

> Schönheit, kristallener Reinheit und tiefster Inspiration. Die Quelle seiner schöpferischen Kraft liegt in seinem Einssein mit seinem inneren Selbst (...) mit Gott. (...) Sri Chinmoy ist ein begnadeter Künstler mit einer einzigartigen Kreativität. In den letzten 15 Jahren hat Sri Chinmoy – 400 Bücher geschrieben – 3000 Lieder komponiert und – 130 000 Bilder gemalt." An einem einzigen Tage produzierte der Guru „dank dem Einsatz seiner yogischen Konzentrationskräfte" 843 Gedichte. In einem Rundbrief an seine Schüler jammert der Guru jedoch: „Nach meinem Tode werde ich weltweit als Poet, Künstler und Komponist bekannt sein. (...) Befremdlich genug, andere haben keine Bewunderer, Anhänger, Schüler. Aber sie wurden bekannt. Sie wurden bekannt durch ihr Glück, nur durch Glück."

Abhängigmachung, Ausnutzung und Entfremdung seiner Anhänger von ihren Angehörigen wurden dem Guru vorgeworfen, der sich als größten Künstler aller Zeiten versteht und der in den Jahren 1984 und 1985 mit einigen sogenannten „Friedenskonzerten" auf Kosten seiner Anhänger tournierte und überaus schlechte Kritiken für seine „Seelenkunst-Darbietungen" erhielt.

In einer Rede des Gurus heißt es:

> „Von jetzt an will ich, daß ihr jede Bitte von mir als einen göttlichen Befehl auffaßt ... Andernfalls wird Euer Ungehorsam in der inneren Welt Euer eigenes Grab graben. Faßt mein Verlangen von jetzt an bitte als göttlichen Befehl auf, der bewußt vom absoluten Supreme kommt ..."

Das Erhard Seminar Training/Est

Der Gründer des von Elterninitiativen und Fachleuten als „Psychokult" gewerteten Est-Imperiums ist der US-Amerikaner Werner Erhard (bürgerlich Jack Rosenberg). Seine Techniken sind ein Gemisch aus unterschiedlichsten Quellen, darunter auch

Scientology und Muktanandas Siddha Yoga. Die „60 Stunden, die dein Leben verändern“, werden an zwei aufeinanderfolgenden Wochenenden abgehalten. Bei Teilnehmerzahlen um 250 und einem Preis von nahezu 1000 DM sind diese Trainings für die Bewegung von erheblichem Gewinn. Den Partizipanten wird beigebracht, „für ihr Leben selbst die Verantwortung zu übernehmen“. Angehörige von Est-Absolventen haben das Ergebnis unter anderem wie folgt beschrieben:

> „Auf mich und die Kinder nimmt er seitdem überhaupt keine Rücksicht mehr. Nur was er denkt, will und fühlt, ist wichtig. Wenn man ihn auf sein Verhalten anspricht, wird man barsch abgewiesen. Man kann besser mit einer Schaufensterpuppe leben als mit einem Menschen, der für andere gefühllos geworden ist.“

Bei den Programmen herrschten anfangs regelrechte Terror-Methoden. Niemand durfte den Saal verlassen, man wurde regelrecht gezwungen, den Anordnungen der Trainer Folge zu leisten. 1984 wurde das Programm entschärft und in „Das Forum“ umbenannt. Eine der Est-Aktivitäten ist das „Hunger-Projekt“, das zwar Spenden sammelt, jedoch keine aktive Hilfe gegen den Hunger in der Welt leistet. Es will „das Bewußtsein verändern“; dann würde der Hunger aus der Welt verschwinden.

„Est“ wird als Rundumheilmittel für Steigerung der Lebensqualität und Verbesserung zwischenmenschlicher Beziehungen dargestellt. So wird in einem Prospekt versprochen:

> „Wenn Trainingsteilnehmer von den Ergebnissen in ihrem Leben berichten – was sehr oft geschieht –, werden bestimmte Bereiche öfters erwähnt, in denen sich spürbare Umwandlung in der Qualität des Erlebens ereignete:
>
> - Erweiterte Erfahrung von Befriedigung, Ganzheit und Erfüllung in Beziehungen
> - Verstärkte Bereitschaft und Fähigkeit, sich anderen spontan und vollständig mitzuteilen

- Mehr Sicherheit und Klarheit im Umgang mit Problemen und Entscheidungen
- Weniger Anstrengung und mehr Befriedigung bei der Arbeit
- Verbesserte Gesundheit
- Ein wiedererwachtes Gefühl von Freude und Spannung im Leben
- Deutlicheres Bewußtsein von Bedeutung, Ziel und Richtung im Leben
- Erkenntnis von selbstauferlegten Beschränkungen, Abbau von Unaufrichtigkeiten und Abwehrhaltungen
- Sinn für eigene Kompetenz und Stärke zusammen mit der Bereitschaft, für sein Erleben selbst verantwortlich zu sein
- Größere Bereitwilligkeit, sich für die Lebensqualität anderer einzusetzen."

Die „Europäische Arbeiterpartei EAP" mit den „Patrioten für Deutschland" und anderen Tarnorganisationen

Der Autor schrieb bereits in der „Findungshilfe", zweite Auflage 1985, Seite 45:

> „Die EAP tritt in der Bundesrepublik wie ihre Schwestergruppierungen in anderen Ländern als Partei auch bei Wahlen auf. Im zweiten Sachstandsbericht ‚Jugendreligionen' des Ministers für Arbeit, Gesundheit und Soziales des Landes Nordrhein-Westfalen, ist auch die EAP mit ihren Unter- beziehungsweise Zweigorganisationen aufgeführt. Der ‚Guru', das heißt die Vater- und Führerfigur für die EAP-Mitglieder, ist der Amerikaner Lyndon Hermyle LaRouche, ein ehemaliger Trotzkist, dessen ideologischer Standort heute von Sachkennern als extrem rechts geortet wird. In den USA erschien über die Bewegung eine Schrift mit dem Titel ‚Nazis without Swastika'. Die zentrale

Idee der LaRouche-Bewegung, deren deutscher Parteizweig 1974 von der (deutschen) derzeitigen Ehefrau des Meisters, Frau Helga Zepp-LaRouche ins Leben gerufen wurde (...), ist die Idee von einer durch die ganze Geschichte gehenden Verschwörung negativer Kräfte gegen die Partei der ‚Rationalisten' beziehungsweise ‚Städtebauer'. LaRouche sieht sich als geistigen Erben von Leibniz und Friedrich Schiller (so wurde auch ein ‚Schiller-Institut' gegründet). Kritiker werden fanatisch und zum Teil unter Einsatz aggressiver Methoden bekämpft und diffamiert. Die politreligiöse Gruppe arbeitet auch auf nachrichtendienstlichem Gebiet; zwei Zeitschriften (‚Executive Intelligence Review', ‚Spuren und Motive') sind ausschließlich der Verbreitung von – teilweise völlig absurden – ‚Geheiminformationen' gewidmet. Angehörige von EAP-Mitgliedern berichten von ähnlichen Folgeerscheinungen wie bei den ursprünglichen Jugendreligionen."

Seelenwäsche und Persönlichkeitsveränderung

Nicht mehr ansprechbar

Eine der erschreckendsten Folgeerscheinungen bei den Jugendreligionen und -bewegungen ist die völlige Wesens- und Sinnesveränderung, die bei den neugeworbenen Mitgliedern oft festzustellen ist.

So schreibt eine Mutter, deren Sohn zur Krisna-Bewegung gegangen war:

„Er ist für uns gar nicht mehr ansprechbar. Auch ist sein Wesen so verändert, daß er gar nicht zu verstehen scheint, was wir ihm zu sagen versuchen ... Und als wir ihn nach später gefragt haben, hat er geantwortet: ‚Später – das gibt's für mich überhaupt nicht mehr.' Wir fürchten, daß das wirklich stimmt."

Ein Vater schreibt über seinen Sohn, der Scientologe geworden ist:

„Wir selbst gehören zu den leidgeprüften Eltern, die ihren besten und begabtesten Sohn an diese unheimliche Sekte verloren haben. Mit der Note 1,3 in der Bewertung ist er mitten im Chemiestudium zu dieser Sekte gegangen und ist seit fünf Jahren dabei, die höchsten Stufen zu erklimmen, die es dort zu vergeben gibt. Obwohl er selbst aufgrund seiner Leistungsfähigkeit der Gesellschaft Zehntausende eingebracht hat, als Kursleiter und Auditor, lebt er selbst noch nach fünfjähriger Tätigkeit unter dem Existenzminimum, wofür eine Entlohnung bei mehr als 70 Wochenstunden und gänzlich ohne Urlaub für die verflossenen fünf Jahre mit ungefähr 600 DM brutto pro Monat eine unmißverständliche Sprache spricht ..."

Das Leiden der Betroffenen hört jedoch mit dem Ausscheiden aus einer dieser Sekten oft nicht auf. Viele der ehemaligen Mitglieder sind für ihr ganzes Leben gezeichnet.

Eine Zwanzigjährige, die sich nach nur einem halben Jahr Mitgliedschaft von den Kindern Gottes lösen konnte, meinte resignierend, es habe „doch keinen Sinn", das Abitur nachzuholen, „weil ich ja bei den Systemiten doch nichts mehr werden kann". Als „Systemiten" bezeichnen die Kinder Gottes alle Nichtmitglieder, vor allem aber die, die durch Arbeit und Engagement zur Verbesserung und Erhaltung unserer Welt beitragen.

Oft sind die ehemaligen Mitglieder auch durch den Aufenthalt bei der Gruppe seelisch krank geworden. Solche Wesens- und Sinnesveränderung werden von den Angehörigen mit großem Erschrecken festgestellt.

Die Gruppen erklären das als Folge der Begeisterung und eines „standhaften Glaubens". Einer der Funktionäre äußerte sich gegenüber dem Autor etwa folgendermaßen:

> „Sie werden das nie verstehen können. Sie kennen solchen festen Glauben weder bei sich noch bei den Mitgliedern Ihrer Kirche. Unsere jungen Leute haben erkannt, was notwendig und wahr ist. Wer einmal erkannt hat, wie wenig Zeit uns noch bleibt, etwas zu tun, für den ist alles andere nebensächlich. Auch Beruf und Familienmitglieder, die ihn aus Unverstand und Egoismus zu behindern versuchen. Was Sie für Fanatismus halten oder für Gehirnwäsche, ist nichts als fester Glaube, der auch was tut. Und wer erkannt hat, der verändert sich auch. Das ist doch ganz normal."

Was ist Seelenwäsche?

Den Begriff „Gehirnwäsche" hatte der Funktionär weit von sich gewiesen. Eine Gehirnwäsche liegt bei den neuen Jugendreligionen auch nicht vor. Gehirnwäsche bricht einen vorhandenen Glauben oder eine vorhandene Ansicht und setzt einen anderen Glauben oder eine gegenteilige Ansicht an deren Stelle. Das geschieht bei den Jugendreligionen nicht. Niemand wird zum Hingehen gezwungen, wenn auch die Werbung manchmal etwas drängerisch und beinahe nötigend ist. Es sind nur ganz wenige Fälle von gewaltsamem Festhalten bekannt geworden. In jedem Falle waren es dann langjährige Mitglieder, die viel über die Gruppen wußten und sie verlassen wollten, die man festzuhalten versuchte. Mag sein, daß in solchen Fällen auch einmal etwas Ähnliches wie eine Gehirnwäsche versucht worden ist.

Im großen ganzen haben wir es aber mit dem Vorgang der *Seelenwäsche*, nicht mit Gehirnwäsche zu tun.

Seelenwäsche bedeutet, daß jemand sich freiwillig in eine Gruppe begibt und dort durch ständige Belehrung (Indoktrination) und bestimmte (meist bewußt eingesetzte) Techniken wie Schlafentzug, künstlich erzeugte Notumstände (viele Personen auf engem Raum, Schlafen unter erschwerten Umständen, völlige Ausfüllung der Zeit, so daß keine Zeit zur Muße bleibt usw.) von der Außenwelt isoliert wird. Vor allem wird durch die Seelenwäsche eine völlige Kritiklosigkeit und ein starker Widerwille gegen jede Kritik an der neuen Gruppe, ihrem Führer, ihren Lehrern, Zielen und Unternehmungen erreicht.

Ein wesentlicher Bestandteil der Seelenwäsche ist auch die Zielveränderung, das heißt *die Ausrichtung auf „weltweite Ziele"* und die *gleichzeitige Verdrängung der Nahziele*.

Beispiel: „Du wirst doch jetzt nicht so egoistisch sein, auf eine Berufsausbildung für Dich zu pochen, wenn Du der ganzen Welt helfen mußt" oder „Es geht doch nicht nur um Deine Eltern, sondern um die ganze Menschheit. Wenn Du Dich für die gesamte Menschheit einsetzt, dann tust Du das auch für Deine Eltern. Ob die das jetzt verstehen oder nicht."

Tatsächlich sind junge Menschen, die die Seelenwäsche einer dieser Jugendreligionen hinter sich haben, oft völlig verändert. Sie wirken nicht mehr so wie sie früher gewirkt haben. Sie reden anders, handeln anders, selbst ihr Blick und ihr Lächeln wirkt verändert. Sie wirken programmiert.

Dieses Geschehen, insbesondere die Folgen einer solchen Seelenwäsche, ist auch als *Psychomutation* bezeichnet worden.

Die folgende Schilderung ist dem Einführungstext einer Unterrichtshilfe (Folien für die Tageslichtkopien) „Psychomutation/Erzwungene Persönlichkeitsverwandlung – Jugendreligionen/Ideologien/Sekten – Identitätsaustausch durch Lehre und Organisation" (Evangelischer Presseverband München 1978) entnommen:

„Diese hier *Psychomutation* genannte Persönlichkeitsveränderung ist das Ergebnis eines bestimmten Prozesses, der nur in der ersten Stufe wirklich in der Entscheidungsgewalt des Betroffenen liegt. Dann nämlich, wenn er sich überlegt, ‚Gehe ich dorthin, oder nicht'. Die späteren Abläufe liegen weitgehend nicht mehr in der Hand oder im Ermessen des Behandelten.
Der Vorgang kann am deutlichsten von seinen Folgen her beschrieben werden. Es zeigt sich, daß folgende Ergebnisse in mehr oder weniger großer Dichte vorzufinden sind:

a) Eine absolute Neuausrichtung der eigenen Existenz nach bislang nicht gekannten oder verwendeten Grundsätzen.
b) Eine völlige Umstellung des Verhaltens gegenüber der Umwelt. Sie wird nicht mehr als Ort der eigenen Existenz, sondern ausschließlich als feindliche und unbedingt zu verändernde Gegenwelt verstanden und behandelt.
c) Radikalisierungen in vielen Lebensbereichen und -vollzügen (Beispiel: radikaler Vegetarismus; absolute Trennung von bestimmten Dingen – beispielsweise Ablehnung jeder Ausbildung außerhalb der Gruppe).

d) Vollkommene Unterordnung der eigenen Urteilsfähigkeit und des Urteilswillens unter eine andere Autorität (Person oder System).
e) Eine Art ‚Festungskomplex', der darin besteht, daß man möglichst nur in der Nähe und Gemeinschaft von Gesinnungsgenossen leben will (in einem Ashram, einer ‚Familie' einer Kommune usw.).
f) Enge Bindung, bis hin zur völligen Abhängigkeit, an einen als oberste Autorität in allen Lebensfragen angesehenen Leiter, Führer, Guru oder dessen Stellvertreter oder Beauftragten. Seine Weltsicht und seine Handlungsmodelle werden unkritisch übernommen und gegen Kritik nahezu fanatisch verteidigt.
g) Der Vorgang läuft in relativ kurzer Zeit ab. Diese Kurzfristigkeit ist sogar ein entscheidendes Merkmal des Vorgangs der Psychomutation.

Dazu kommt eine weitere Besonderheit. Mit der vorbeschriebenen Psychomutation stellt sich die Fähigkeit ein,

h) andere in relativ kurzer Zeit mit der eigenen ausschließlichen Gewißheit anstecken zu können und seinerseits psychomutatorisch zu wirken.

Der Begriff der ‚Bekehrung' wäre für diesen Vorgang unangebracht. Ebenso kann hier nicht von einer normalen Persönlichkeitsveränderung gesprochen werden. Aus diesem Grund wurde der Vorgang mancherorts anders bezeichnet. So spricht der amerikanische Psychiater John G. Clark jun. von der Harvard Medical School vom ‚Phänomen der erzwungenen und fortlaufenden Bekehrung'. Häufig wird undifferenziert von ‚Gehirnwäsche' geredet. All dies trifft unseres Erachtens den Kern der Sache nicht. Bekehrung kann nicht erzwungen werden. Und Gehirnwäsche stellt nur *eine* Form des Eintritts in den hier beschriebenen Vorgang dar.

In den meisten Fällen, was die Jugendreligionen und die ihnen verwandten Gruppen betrifft, kann auch deshalb von Gehirnwäsche nicht die Rede sein, da die Neulinge aus eigenem Antrieb sich den Gruppen zuwenden und Gewalt nicht angewendet wird.
Psychomutation vollzieht sich in bestimmten aufeinanderfolgenden Schritten:

a) durch Faszination
b) durch Zerstörung der personalen Sicherheit
c) durch Aufbau einer neuen Identität.“

Neue Tricks und Organisationen

Neues Auftreten

Die Jugendreligionen haben in Mitteleuropa inzwischen eine Geschichte von rund 30 Jahren hinter sich gebracht. Leider hat sich an der Brisanz dieses Themas seitdem nichts geändert. Geändert haben sich lediglich die Methoden der Gruppen.

Die Werber der Jugendreligionen kommen nicht nur auf die Straße und sprechen dort ihre Opfer an. Immer tun sie dies aber zur allerersten Kontaktaufnahme, wenn sie in einem Ort mit ihrer „Arbeit“ beginnen. Besonders Scientology betreibt nach wie vor auch dieses „Body-routing“ (etwa „Körper hereinholen“).

Heute haben die Gruppen darüber hinaus ganz andere Werbemöglichkeiten. Zum Beispiel legen sie ihre Werbeangeln in Volkshochschulen aus, in Kunst- und Kommunikationsveranstaltungen. Sie benutzen Lehrer und Ärzte als Multiplikatoren oder bedienen sich gar ihnen höriger Therapeuten. Sie haben vielversprechende Jüngerinnen und Jünger auf einen „Marsch durch die Institutionen“ geschickt, haben gelernt, Multiplikatoren anzusprechen und (oft arglos) für sich einzusetzen. Insbesondere der Einfluß in Bereichen der Politik, Wirtschaft und Kultur ist oft nicht mehr überschaubar.

Da die Gruppierungen dieses Typs die Weltrettungspläne nach dem Rezept ihres Meisters hier und jetzt verwirklichen wollen, war von Anfang an mit wirtschaftlichen und politischen Durchsetzungsversuchen zu rechnen. Am deutlichsten wurde dies bei der Mun-Bewegung. San Myung Mun hat ein regelrechtes Imperium auf Blut, Schweiß und Tränen seiner Anhänger aufgebaut. (Die Trias von „Blut, Schweiß und Tränen“ ist von ihm selbst so und in dieser Abzweckung genannt. Allerdings setzte er als Begünstigten nach außen hin Gott ein.) Das Mun-Imperium ist selbst für gutinformierte Beobachter heute kaum mehr zu überblicken.

Firmen, religiöse und politische Gemeinschaften, Aktionen, Zeitschriften, Kultur- und Sozialaktivitäten schießen weltweit aus dem Boden und künden dem Kundigen von der Macht und dem Einfluß des sich als Messias ausgebenden und von seinen Anhängern als Messias verehrten Koreaners San Myung Mun.

Tarnaktivitäten

Ein zunehmend an Bedeutung gewinnendes Problem sind die Tarnaktivitäten der Gruppen.

Mit Mitteln der Stiftung Deutsche Jugendmarke wurde in den Jahren 1984 bis 1986 ein Projekt gefördert, mit dessen Hilfe unter anderem ein Überblick über die wichtigsten „Jugendreligiösen Institutionen und deren Co-Organisationen, Guruistischen Bewegungen und Psychokulte" erstellt werden konnte. Die Projektmaterialien umfassen eine Findungshilfe und ein Hinweisheft. Inzwischen wurde diese Findungshilfe erheblich erweitert und unter dem Titel „Findungshilfe Religion 2000 – Apologetisches Lexikon" herausgebracht.

Sieht man sich diese „Findungshilfe" einmal an, so wird man leicht bestätigt finden, daß ein nahezu unübersehbares Angebot an Aktionen, Tarn-, Front- und Unterorganisationen den Markt dieses Genres religiöser oder pseudoreligiöser Organisationen bestimmt.

Eine Gruppe hat oft Dutzende von Front-, Tarn- und Zweigorganisationen hervorgebracht. Häufig distanziert sich die jeweilige Mutterorganisation nach außen hin von ihren „Kindern". Das macht die Lage noch unüberschaubarer und problematischer. Denn wer sich besten Willens, jedoch ohne Kenntnis der Hintermänner für eine auf den ersten Blick als „gute Sache" erscheinende Sekten-Tarnaktivität eingesetzt, kann dabei seinen eigenen guten Namen gefährden. Mehr noch: Wer eine munistische Aktivität fördert, fördert Mun und seine religiösen Zielsetzungen.

Wer die „Europäische Arbeiterpartei“ oder irgendeine der von LaRouche oder seiner Gefährtin Helga Zepp-LaRouche gesponserten Bewegungen vertritt und seinen Namen dafür hergibt, macht sich mitschuldig. Das gilt zum Beispiel für die „Patrioten für Deutschland“, die weder Patrioten noch letzten Endes „für Deutschland“ sind. Und er unterstützt eine jugendreligiöse politische Bewegung (mit deutlich hervortretendem Wahncharakter, der an dem „Wir-haben-das-Patentrezept“-Slogan) eindeutig zu erkennen ist.

Welche Dimensionen die Tarn- und Unterorganisationen einnehmen, läßt sich leicht verdeutlichen: So ist allein die Transzendentale Meditation in der „Findungshilfe“ (zweite Auflage) mit nahezu 100 Aktivitäten, Firmen, Tarnorganisationen usw. aufgelistet. Die Scientology bringt es auf drei Seiten von je über 50 Zeilen, während es das Mun-Imperium um die sogenannte Vereinigungskirche immerhin auf zehn solcher Seiten brachte.

Auch über die Vereinigungskirche/Mun-Bewegung erschien inzwischen eine umfassende Liste von Aktivitäten, Organisationen und Institutionen des Munismus. (Friedrich-Wilhelm Haack, Das Mun-Imperium, München 1991). Welcher normale Mensch weiß schon, daß die Zeitung „The Washington Times“ ebenso zum Mun-Imperium gehört, wie die „World Media Conference“ oder die „International Conference on the Unity of Sciences“, „New ERA“ oder „Assembly of the World Religions“ Mun-Tarnorganisationen sind? „Il Hwa Ginseng Tea“ und „Hanida Cosmetik“ ebenso wie das „Little Angels Korean Folk Ballett“ oder die „Neue Mitte“ in Österreich, auch als „Edition Neue Mitte“ mit Zeitschriften wie „Integral“, oder die „Nachbarschaftshilfe mit Herz“ beziehungsweise „Professors World Peace Academy“ gehören zum Munismus.

Zum Mun-Imperium gehören auch die „International Black Students Alliance“, eine Studenten-Farbigen-Organisation in den USA, wie die „International Religious Foundation“ und die von ihr veranstalteten „Youth Seminars on World Religions“, bei denen jedes Jahr über 100 handverlesene (nicht Mun-Organisationen angehörende) Studenten für einen pro Person über 10 000 Dollar teuren Trip um die Welt gejettet werden, damit sie später einmal in ihrer beruflichen Position für Muns Interessen Toleranz zeigen.

Wissenschaftler als Werbeträger

Bei der Vereinigungskirche San Myung Muns hat sich der Brauch herausgebildet, Wissenschaftler zu finanziell interessanten Veranstaltungen einzuladen oder Publikationen von ihnen über die Mun-Bewegung zu fördern. Wer ärgert sich schon, wenn von einem teuren Buch von einer solchen Gruppe einige tausend Exemplare aufgekauft werden? Autoren und Herausgeber werden meist verkaufsanteilig abgefunden!

Kinder als Missionsobjekt

Inzwischen hat sich ein neues Werbegebiet für die Jugendreligionen aufgetan: Sie haben die Kinder als Missionsobjekte entdeckt. Diese „Missionierung" kann durch Kindergarten-Arbeit ebenso geschehen wie durch den Versuch, eigene Schulen zu errichten, zum Beispiel die scientologische Appla-School oder die Delphian-School, oder durch Nachhilfeunterrichts-Organisationen wie die scientologischen Initiativen Ziel e.V. (Zentrum für individuelles und effektives Lernen) und academe. Auch Anhänger der TM haben sich in diesem Bereich engagiert, so daß darauf hingewiesen werden muß, daß Nachhilfeorganisationen und -lehrer zuerst einmal gründlich angeschaut werden sollten, ehe man ihnen gegen Bezahlung die Kinder ausliefert. In einem Falle hatte sich eine Musiklehrerin als Scientology-Werberin entpuppt. Die Eltern wurden stutzig, als sie die Schülerinnen und Schüler zu einem Weihnachtskurs (für nahezu 1000 DM) nach Südengland auf ein

Schloß zu Erlebnisferien mit Problemlöse-Techniken einlud. Das Schloß entpuppte sich als die englische Scientology-Zentrale Saint Hill Manor in East Grinstead. Auf die Enttarnung reagierte die Missionarin mit Drohungen und Verleumdungen.

Volkshochschulen

Auch die Volkshochschulen sind ein begehrtes Werbefeld für Sekten, Jugendreligionen, Okkult-Therapeuten, Hexen, Schamanen und so weiter und so fort.

> „Ich gehe jede Woche (insgesamt zehn Abende) zu einem Yogakurs an der Volkshochschule“, berichtete eine Frau. „Für diese Woche kündigte unser ‚Lehrer‘ eine erfahrene ‚Yogilehrerin‘ an. Es war eine Amerikanerin, angezogen wie eine Nonne ... Im Einzelgespräch fragte sie unter anderem, wer ich sei, was ich täte und warum ich Yoga betreibe. ... Dann erklärte sie mir dieses Zeichen mit dem Hakenkreuz und der Sonne. Dann erfolgte eine Meditation. Ich war noch gar nicht richtig wieder wach, als sie mir sagte, daß ich genau zwei Finger jeder Hand auf dieses Kärtchen mit dem Zeichen legen und ihre Worte nachsprechen solle ...“

Die VHS-Yogakurs-Besucherin wurde so in die recht radikale Hindu-Sekte Ananda Marga initiiert, ohne sich dieses Vorganges bewußt geworden zu sein.

Eine Mutter klagte, daß ihre älteste Tochter bei einem VHS-Vortrag in Göttingen für die indische Hindusekte „Brahma Kumaris“ gewonnen wurde. Und in München mußte der Autor dieses Buches im Mai 1982 eine Warnung bezüglich eines VHS-Wochenendseminars geben, das sich als Missionsmöglichkeit der eher berüchtigten Scientology-Sekte entpuppte. Thema: Kommunikation. Der Tagungsleiter ließ sich schon am zweiten Tage von allen

Teilnehmern ein Referenzschreiben ausstellen, um – wie er erklärte – „in Zukunft schneller Gelegenheit zu erhalten, an der Volkshochschule weiter solche Seminare abzuhalten“.

Im Nürnberger Bereich ist es der Schamanismus, in München Hexenkunde, in Bad Salzuflen bei einem Bhagwan-Anhänger Hypnose und Selbstverwirklichung, in Osnabrück Tibetanischer Buddhismus als „Kum-Nye-Entspannungssystem“ oder „Meditation“ durch Anhänger der „Transzendentalen Meditation“ oder „Hexengeflüster“: Alles hat offensichtlich die Qualität, zum ernstgemeinten VHS-Lehrstoff erhoben zu werden.

Managementkurse

Andere Wege führen die Jugendreligionen und Gurubewegungen auf den missionarisch wie finanziell lukrativen Personal- und Management-Schulungssektor. Mit „Management by Natural Law“ hat sich auch hier die TM engagiert, während scientologische Techniken etwa unter Begriffen wie „New Age Management“ oder „Boom-Management“ vertrieben wurden. Bei der Scientology ist man auf diese Form der Mission stolz. Eine als „Social Coordination – soco“ firmierende Scientology-Abteilung berichtet:

> „Eine große Verkaufsakademie in Frankfurt hat innerhalb von nur zwei Monaten 22 Führungskräften wertvolle Kommunikationsseminare geliefert. Eine große Anzahl von ihnen sind daran interessiert, mehr Dienstleistungen in Anspruch zu nehmen. Ein Schweizer Softwareunternehmen verwendet L. Ron Hubbards Methoden erfolgreich in allen Arbeitsbereichen. Leitende Angestellte dieser Firma besuchten 1984 zwei Intensivseminare ... In Düsseldorf wurde der Verein ‚Verband engagierter Manager‘ im August 1984 eingetragen. Der Zweck des Verbandes ist die Durchsetzung aufrichtigen und ethischen Verhaltens insbesondere im Geschäftsleben.“

In zwei Fällen wurden Mitglieder des Vereins inzwischen bei Sekten-Beratungsstellen „fällig“, da die scientologisch engagierten Manager ihre Mitarbeiter von den Methoden L. Ron Hubbards überzeugen wollten und auf Ablehnung mit Druck reagierten. Scientologische Management-Schulung kam ins Gerede, als in Bayern die Restbestände der gewerkschaftlichen „Neuen Heimat“ ausgerechnet an einen mit Scientology-Know-how geschulten Immobilien-Tycoon verscherbelt wurden. Nur die Münchner Presse schenkte dieser Information Beachtung. Die skandalgestreßten Gewerkschaftsfunktionäre konnten sich darunter wenig vorstellen.

Ehefrauen, deren Männer von ihrer Firma zu einem „Verkaufstraining“ in ein „Kreatives Haus“ in einem norddeutschen Künstlerdorf geschickt werden, erleben nach der Rückkehr einen „total verwandelten Mann. Er hat mich seitdem gemieden, wie wenn ich aussätzig wäre, geht jeden Morgen um vier aus dem Haus und hat Besitz weggetragen und mir nicht gesagt, wohin, obwohl die Stücke mein Eigentum waren.“ Eine der Frauen schaut in den Kursunterlagen des Gatten nach und findet ein seltsames Papier mit dem Titel „Ichvertrag!“ und dem Text:

> „Ich, (Name), werde jeden Morgen in das Institut BKWSU in ... gehen. Weiterhin werde ich jeden Abend 0,5 Stunden in mich gehen. Ich werde mein Essen total umstellen auf vegetarische Ernährung. Ich werde keinen Alkohol mehr trinken. Ich werde meiner Familie mit innerer Ruhe und Gelassenheit begegnen. Ich werde die hier genannten (Im Bewußtseinstraining vom ... bis ...) erfahrenen Regeln, Hinweise und Gesetze mir beschaffen und befolgen.“ Unterschrift „Beachten: Ich bin eine Seele, und ich liebe mich.“

Die Trainerin war Werberin der BKWSU, zu deutsch: Brahma Kumaris World Spiritual University, einer Gruppe, die zu den Gurubewegungen gezählt werden kann und die permanent mit neuen Tricks wirbt, darunter mit der Behauptung, der UNO in besonderer Weise nahezustehen (eine Behauptung, die von der Rechtsabteilung der UNO jedoch – anscheinend erfolglos – untersagt worden ist). Schwer vorstellbar, daß die betroffene Firma gewußt hat, was sie ihren Mitarbeitern mit derartigen „Verkaufstrainings" zumutet.

„Ein bißchen Frieden …"

Einige Jugendreligionen haben sich in der letzten Zeit durch Bemühungen um den Frieden hervorgetan. Der Guru Sri Chinmoy veranstaltete „Friedenskonzerte" und „Weltfriedensläufe", zu deren Unterstützung er Berühmtheiten wie Königin Silvia von Schweden und Arnold Schwarzenegger gewann.

Brahma Kumaris, eine andere Guru-Sekte, veranstaltete 1986 in 58 Ländern einen „Aufruf zum Spenden von Friedensminuten als individueller Beitrag zum Weltfrieden" unter der Überschrift „Millionen Minuten des Friedens". Ausstellungen in Hamburg, Köln, Frankfurt/Main und anderen Städten (insgesamt 55) sollten mit jeweils einem großen Spruchband bestückt sein:

> „Brahma Kumaris World Spiritual University – Wir studieren den inneren Frieden an der einzigen geistigen Universität der Welt."

Dazu sollten VIPs eingeladen und vor allem eine „Weltkarte mit allen 1500 BK-Centern – durch weiße Fäden verbunden als Friedensnetz" – zur Schau gestellt werden.

Solche Veranstaltungen, wie auch eine 1987 weltweit verbreitete „Declaration of World Peace" einer bis dahin völlig unbekannten Star Alliance Foundation haben wohl mehr Werbewert, als daß sie wirkliche Beiträge zum Frieden darstellen.

Wesentlich brisanter wird es, wenn die ISKCON (Internationale Gesellschaft für KRSNA-Bewußtsein) „Friedensfestivals" veranstaltet und sich an Friedensdemonstrationen beteiligt.

Denn diesen Friedensbemühungen steht eine Gesellschaftsvorstellung gegenüber, bei der die Ksatriyas, die Kriegerkaste, wichtige Funktionen hat und wo sogar „Nuklear-Ksatriyas“ gefordert werden, mit der Begründung, ein Gottbewußter als Regierungschef müsse „in sowohl offensiver als auch defensiver Kriegsführung“ in der Lage sein, „seine militärischen Einheiten zum Sieg zu führen“. Feinde der Gesellschaft sollte er „angreifen, sie unterwerfen und ihr bösartiges Wesen neutralisieren und dann die gottbewußte Gesellschaft in ihrem Land einführen“. Nuklear-Ksatriyas sind notwendig, um „geistig oder mit elektronischen Mitteln“ zu versuchen, „den Feind mit den Waffen und Geräten auszulöschen“. Man hält nichts von „dummen und sentimentalen Idealen wie ‚leben und leben lassen‘“.

Angesichts solcher Vorstellungen zeigt sich deutlich, daß das Engagement bei Friedensaktivitäten eher missionarischen Charakter hat.

Noch deutlicher wird dieser Mißbrauch des Friedens als Werbewert, wenn die Mun-Bewegung, zu deren Lehren der Dritte Weltkrieg – wie auch immer geführt – gehört, ihre Lehre als „neue Vision für den Weltfrieden“ darstellt, eine „Professors World Peace Academy (PWPA)“ gründet und ein „International Journal on World Peace“ herausgibt.

Jugendreligionen und Demokratie

Auch die Bewegung der Transzendentalen Meditation (TM) ist mit einem beachtlichen politischen Engagement an die Öffentlichkeit getreten. Sie hat nicht nur den Regierungen per Annoncen in den großen Zeitungen der westlichen Welt angeboten, „die Probleme jeder Regierung, ungeachtet deren Natur und Ausmaß und unabhängig von dem jeweiligen Regierungssystem, zu lösen ... Absolute Vertraulichkeit wird zugesichert“, sondern man hatte 1976 auch eine „Weltregierung des Zeitalters der Erleuchtung“ eingesetzt. Daß IMS-Pressesprecher Jochen Übel sie im nachhinein zu einer „nichtpolitischen und nichtreligiösen weltweiten Organisation“ erklärte, kann als Verschleierungstaktik gewertet werden.

1977 hatte man eine „GTM Gesellschaft der Weltregierung des Zeitalters der Erleuchtung zur Förderung der Transzendentalen Meditation und der Wissenschaft der Kreativen Intelligenz“ gegründet. Ziel: Man wollte „das Leben der Gesellschaft in vollkommener Ordnung erhalten“.

Der TM-Guru Maharishi Mahesh Yogi hatte schon von Anfang an seine Ziele hoch gesteckt:

> „Es gibt nur ein Gesetz, das alle Regierungen erlassen müssen, und dann wird jedermann von sich aus gesetzestreu sein. Dieses Gesetz würde die Kenntnis der ‚Wissenschaft der Kreativen Intelligenz‘ und die zweimal täglich zu praktizierende Transzendentale Meditation vorschreiben. Mit diesem einen Gesetz würde der Zweck aller Gesetze voll erfüllt sein.“

Mit ähnlichem politischen Anspruch trat der Anfang 1990 verstorbene Inder Rajneesh Chandra Mohan, der Begründer der Bhagwan-Bewegung, auf. Er schlug 1988 eine „unpolitische Weltregierung“ vor, da die Politiker die Welt in die Katastrophe führen würden. Sein kurzer Flirt mit der „Radikalen Partei“ Italiens brachte jedoch ebensowenig wie sein Vorschlag, Ostblockländer durch Menschen zu sanieren, die nach seiner Methode meditierten. Obwohl Rajneesh seine Vorschläge sicher ernst gemeint hatte, brachten sie ihm nur Gelächter ein. Die Anhänger hingegen fanden die Vorschläge ihres Gurus großartig. In der Bundesrepublik ließen sich Rajneesh-Anhänger zum Teil über die Listen der „Grünen“ in Kommunalparlamente wählen.

Scientology- und Dianetik-Erfinder Lafayette Ronald Hubbard (1911–1986) hatte ebenfalls eigenwillige politische Vorstellungen. Nach seinen Lehren sind nur trainierte Scientologen wirklich fähig, auf dem Erdball eine funktionierende Zivilisation zu errichten. Bisherige Systeme haben versagt: „Und ich sehe nicht, daß populäre Maßnahmen, Selbstverleugnung und Demokratie dem

Menschen irgend etwas gebracht haben, außer ihn weiter in den Schlamm zu stoßen …, Demokratie hat uns Inflation und die Einkommenssteuern gebracht.“ „Totale Disziplin“ ist eines der Führungsprinzipien der Scientology. Daß eine von Scientologen dirigierte Welt für Nichtübereinstimmende irgendwelche Freiheiten böte, ist unvorstellbar. Eine nach Scientology-Techniken und -Lehren durchstrukturierte Wirtschaft und Politik wäre als totalitär zu bewerten. In der guruistischen Jugendreligion Ananda Marga und ihren Tarnorganisationen finden wir ebenfalls ein totalitäres Gruppen- und Gesellschaftsprinzip. Die Gesellschaft, so der Gründer und Führer P. R. Sarkar alias Anandamurti, müsse durch sogenannte Sadvipras (Moralisten) geführt werden.

Bislang gibt es solche noch nicht. Sie stehen wohl zur Erzeugung und Aufzucht erst an. In der Ananda-Marga-Parallelorganisation „Prout“ wird über Gewalt als Mittel zur Lösung politischer Probleme offen gesprochen.

> „Menschlicher Fortschritt wird durch innere Kämpfe und Kohäsion beschleunigt weitergehen. Folglich ist die Anwendung von Gewalt ein unumgängliches Phänomen … Solange nicht eine ausbeutungsfreie, gerechte Gesellschaft mit sozialer Sicherheit für jedes Individuum besteht, wird die durch Unterdrückung leidende Gemeinschaft jedes Recht haben, sich auf gewaltsame Weise zu erheben. Friedliche Revolution ist ein imaginäres Konzept.“

Für die Ziele der Bewegung haben sich schon mehrere junge Menschen durch Selbsttötungen geopfert, eingedenk der Worte ihres Gurus:

> „… Wenn ein Mensch im Kampf für die Ideologie stirbt, in der Opferung oder auf dem Kampffeld für die Ideologie, wird er Befreiung erlangen … Jeder ist da, dieses Leben zu verlassen.“

Parteisekten

Einer der neuesten Trends des religiösen Marktes ist es, daß pseudomessianische Sekten sich zunehmend als Parteien etablieren. Sie versprechen sich davon eine größere Streuung und Breitenwirkung ihrer Ideen. Als Übungsfeld bietet sich die Kommunalpolitik an. Religiöse Gruppen, die in einen Ort massiert zuwandern, stellen dort bald ein erhebliches Wählerpotential. Es liegt nahe, dann die eigenen Ziele im Gemeinderat per Wahl durchsetzen zu wollen.

Der Versuch, aus der TM-Bewegung heraus ein „Goldene Partei" zu gründen, endete zunächst ebenso als Flop wie ein „Deutscher Wählerring" und eine „World Association of the Free and Independent Politicians", alles Gründungen, hinter denen außer dem Geld der Bewegung ein Maharishi-Anhänger deutsch-völkischen Strickmusters steckte.

Aber es gibt auch dauerhaftere Gründungen: Die bekannteste der Parteisekten ist die Bewegung des Lyndon Hermyle LaRouche, eines Weltverbesserungs-Fanatikers, der sich in den USA zwar zum Präsidentschaftskandidaten erklärte, derzeit aber eine fünfzehnjährige Gefängnisstrafe verbüßen muß. Die hat er nicht aus politischen oder religiösen Gründen erhalten. Doch kann nicht bezweifelt werden, daß er seine mit Finanzen zusammenhängenden Straftaten für seine ihm heilige Sache begangen hat.

In der Bundesrepublik Deutschland trat seine Bewegung bei Wahlen als „Europäische Arbeiterpartei", als „Patrioten für Deutschland" und als „Christliche Mitte – Patrioten für Deutschland" auf.

... und die Religionsfreiheit?

Eine Konferenz von Theologen des Lutherischen Weltbundes und des World Council of Churches formulierte in einem „Summary Statement" die bedenkliche Überlegung, daß die Religionsfreiheit „nicht grundsätzlich" als Schutz bei Verstoß gegen das Strafgesetz dienen sollte, wohl aber von den Regierungen als Entschuldigung bei Verstößen *gegen das Zivilrecht* akzeptiert werden sollte.

Nun ist aber Religionsfreiheit gerade entstanden als das Recht des einzelnen, sich gegen übermächtige religiöse Organisationen zu schützen.

Von den bei dieser Konferenz versammelten 36 Theologen hatten 25 Prozent schon Einladungen des San Myung Mun zu Konferenzen beziehungsweise Reisen um den halben Erdball akzeptiert.

Einer der Teilnehmer bezeichnete sich als „Freund der Munies und Scientologen", und ein US-Theologe stellte die Gefängnisstrafen gegen Mun (wegen Bilanzfälschung) und die Gattin des L. Ron Hubbard (wegen einer ganzen Liste krimineller Vergehen) als „Beispiele von Religionsverfolgung" dar. Das Beispiel zeigt, daß die neuen Strategien der Organisationen sich auszuzahlen beginnen!

Jugendreligionen, politreligiöse Jugendbünde, Gurubewegungen, Psychokulte und andere Organisationen haben sich regelrecht etabliert. Sie kämpfen – mit allen Mitteln und Raffinessen der Mächtigen – um ihre Marktanteile. Jugendreligionen sind ein öffentliches Problem, ob das der Gesetzgeber akzeptiert oder nicht. Wir müssen uns ihren wie auch anderen Problemen unserer Welt stellen. Es gibt keinen „problemfreien Raum".

Es würde zu weit führen, wollte man all die Techniken und Methoden auch nur anreißen, mittels deren sich die Jugendreligionen, Gurubewegungen und Psychokulte heute ihre Marktanteile zu erwerben versuchen. Es ist durchaus fraglich, ob dieses Verhalten noch unter den Schutz der in Artikel 4 GG garantierten Religionsfreiheit fällt.

Das hohe und in langen und schweren Auseinandersetzungen errungene Gut dieser grundlegenden Freiheit gerät mehr und mehr in die Gefahr, unterhöhlt und zu gewerblichen und anderen Zwecken mißbraucht zu werden.

Reaktionen der Jugendreligionen auf Kritik

Inzwischen zeigen sich auch deutliche Spuren einer Kooperation der kritisierten Gruppen gegen die Kritik. es wird unter anderem behauptet, Kritik verstoße gegen die Religionsfreiheit. Dabei will die Religionsfreiheit doch gerade das Individuum, den Bürger, gegen „allmächtige und alles vorschreibende“ Religionsgruppen schützen. Religionsfreiheit wendet sich also gegen die Jugendreligionen. Sie schützt die Mitglieder eigentlich gegen die Allmachtsansprüche der Organisationen.

Manche Gruppierungen legen auch Wert darauf, sich von dem Begriff „Jugendreligionen“ (der einen negativen Beigeschmack hat) zu distanzieren. Immer wieder versuchen die hauptsächlich als Jugendreligionen klassifizierten Gruppen den Trick, sich unter Verweis auf die Altersstruktur der Beschreibung als Jugendreligion zu entziehen; das kann jedoch nicht als sachlich akzeptiert werden. Zu glauben, daß der Begriff dadurch ad absurdum geführt werden könne, daß man das Alter („die meisten sind über achtzehn“) als Argument einbringt, ist genauso naiv, wie wenn man den Jugendstil gegen Altersbegrenzungen abwägen wollte.

Der derzeitige Stand der Diskussion um die Jugendreligionen ist entscheidend mitbestimmt durch den Rechtsstreit zwischen Institutionen und Lehrern der sogenannten Transzendentalen Meditation als Klägern und der „Bundesrepublik Deutschland, vertreten durch den Bundesminister für Jugend, Familie und Gesundheit“ als Beklagtem. Der Prozeß wurde am 18.12.1985 durch das OVG Münster dahingehend entschieden, daß der Rechtsstreit von der Transzendentalen Meditation (TM) gewonnen schien, zumal das Gericht urteilte: „Die Revision wird nicht zugelassen.“ In diesem Urteil wurde der Bundesregierung die „Pauschaläußerung“ untersagt:

> „TM gehört zu dem mit ‚Jugendsekten‘ beziehungsweise ‚Jugendreligionen‘ umschriebenen Kreis beziehungsweise TM ist eine der ‚sogenannten neuen Jugendreligionen, Jugendsekten oder Psychosekten‘.“

Schon dieses Urteil des Oberverwaltungsgerichts Münster enthielt handfeste Negativaussagen über die TM wie zum Beispiel den Hinweis, daß „die TM-Bewegung Interessenten täuscht, nämlich durch die Angaben, TM sei weltanschaulich neutral, die Mantren würden individuell ausgewählt“ und: „Der Familienzusammenhang kann allerdings beeinträchtigt werden und gegebenenfalls auch eine Ehe in eine Krise geraten.“

In dem Urteil stand auch zu lesen:

> „Nach dem Ergebnis der Beweisaufnahme steht fest, daß das transzendentale Meditieren oder auch das Engagement in der TM-Bewegung, als sogenanntes life event Auslöser für Psychosen sein kann“ und: „Hinzukommt, daß die TM-Lehrer nicht in der Lage sind, psychosegefährdete Menschen zu erkennen [...] und daß der von der TM-Bewegung entworfene Fragebogen als Mittel zum Ausschluß gefährdeter Individuen ungeeignet ist.“

So handfest solche Aussagen auch sein mögen und so schwer es auch wiegen mag, daß die TM entgegen bisherigen Beteuerungen, es handle sich bei der TM um eine „Wissenschaft“, hier plötzlich als den Religionsgemeinschaften gleichzusetzende „Weltanschauungsgemeinschaft“ klagt; die TM ging mit dem Urteil in einer Weise hausieren, als habe das OVG Münster geurteilt, die TM sei keine Jugendreligion. In einer Pressemeldung mit der Überschrift: „Oberverwaltungsgericht Münster entscheidet: TM ist keine Jugendsekte“ wurde gleich auch noch wahrheitswidrig behauptet: „TM ist eine weltanschaulich neutrale geistige Tiefenentspannung“ (daß TM selber als eine weltanschauliche Gemeinschaft und somit keineswegs als „weltanschaulich neutral“ geklagt hat, wird hier verheimlicht).

Nun ist hier nicht der Ort, die Prozeßlage zu kommentieren. Nur soviel sei hier noch angemerkt: Im Dezember 1986 hat das Bundesverwaltungsgericht der Revisionszulassungsbeschwerde der Bundesregierung gegen dies Urteil des OVG Münster stattgegeben. Vor dem Bundesverwaltungsgericht unterlag dann die TM. Die Klage wurde in allen Punkten abgewiesen. Auch der Versuch einer gegen dies Urteil eingelegten Beschwerde beim Bundesverfassungsgericht scheiterte. Doch dies hat sich noch nicht bei allen betroffenen Ämtern und Dienststellen herumgesprochen. So bleibt die Verunsicherung.

Was ist an Jugendreligionen so faszinierend?

Warum gerade junge Leute?

Daß in unserem Kulturkreis gerade junge Leute zu diesen Gemeinschaften gehen, kann zum ersten an der größeren Beweglichkeit des Jugendlichen liegen.

Wo Ältere meist „aufgegeben“ haben, Menschen in den sogenannten besten Jahren fast immer durch ihre Verantwortung für andere in einem bestimmten Gleise gehalten werden, hat der Jugendliche noch die Chance, es „einmal ganz anders machen“ zu können. Darüber hinaus zeichnet sich der Jugendliche im allgemeinen durch Tatkraft und die wachsende Fähigkeit aus, sich ein eigenes Bild vom Leben zu machen. Er sieht, was ihm nicht paßt, und möchte es ändern.

In der Pubertät löst er sich ziemlich stark von seinem Herkommen (Familie, Elternhaus, sozialem Umfeld) und auch von den damit verbundenen Lebensvorstellungen. Diese Loslösung hat einen guten Sinn. Der Jugendliche gewinnt dadurch an Selbstvertrauen und wird auf die eigenen Beine gestellt. Ja, er wird gerade dadurch letzten Endes befähigt, seine eigenen Vorstellungen zu verwirklichen und sein eigenes Leben zu führen. Es ist ein wichtiger Abschnitt in jedem Menschenleben.

Aufgeschlossen gegenüber Neuem, kritisch gegenüber dem Überkommenen, jedoch noch nicht zur wirklichen Selbstsicherheit gelangt, ist der junge Mensch in diesem Stadium für neue Welt- und Lebensentwürfe besonders empfänglich. Noch nicht alt genug, um einzusehen, daß das Leben eine Kette von Kompromissen zwischen dem Wünschenswerten und dem Möglichen ist, sehnt sich der Jugendliche nach dem Vollkommenen und glaubt an die Möglichkeit, es zu verwirklichen. Noch fehlt die Einsicht, daß das Vollkommene immer nur Ziel, kaum jemals Wirklichkeit sein kann. Darum ist man in diesem Alter besonders empfänglich für Absolutheitsangebote und -ansprüche.

Dadurch haben die Jugendreligionen, die alle mit auf ihre Weise vollkommenen Weltentwürfen und Heilswegen werben, bei Jugendlichen einen solchen Erfolg.

Noch eine Besonderheit dieses Alters erleichtert diesen Gruppen den Erfolg. Gerade wenn der junge Mensch dabei ist, zu eigenen Urteilen zu gelangen, schützt er sich gegen jede Kritik an seinen Wertvorstellungen. Er nimmt sie persönlich. Auf je mehr Widerspruch er stößt, um so stärker tritt er für die angegriffene Meinung (oder auch Gruppe) ein.

Am schärfsten reagiert er gegen die gutgemeinte, aber unselige Bemerkung: „Dazu bist Du ja noch viel zu jung! Werde erst mal so alt wie ich." Alt wird er – so Gott will – von ganz alleine. „Zu jung" zu sein, glaubt er nicht (jeder erkennt erst aus der Rückschau, daß er „damals zu jung war"). Er wird nun gerade durch verstärkten Einsatz für seine Überzeugung beweisen wollen, daß es ihm ernst ist und daß er weiß, was er will.

Die Jugendreligionen nutzen diese Situation aus, indem sie etwa so argumentieren: „Die ältere Generation (die Eltern, Politiker, Kirchen usw.) hat es nicht geschafft, die Welt zu verbessern. Sie hat darum kein Recht zur Kritik."

Die Jugendreligionen als soziale und religiöse Ausstiegsmöglichkeiten

Seit es Menschen gibt, gibt es Unzufriedene. Ihnen mißfällt die soziale und religiöse Ordnung, in der sie leben sollen. Es kommt zu Konflikten. Die Erzählung von Kain und Abel ist die Beschreibung eines solchen Konfliktes und seiner unguten Lösung.

Eine bessere Möglichkeit haben jene gefunden, die zwar die Gesellschaft verlassen, sich jedoch als Eremiten oder Angehörige einer ganzen Aussteigergruppe zurückgezogen haben, um ihre eigene soziale oder religiöse Ordnung zu finden.

Auch die Jugendreligionen müssen als soziale und religiöse Aussteigergruppen betrachtet werden. Sie sind nur einer von mehreren Versuchen, aus dem System auszubrechen. Drogenwelle und politischer Radikalismus, Rockerbanden und vor Jahren die Hippies und auch die Hinwendung Jugendlicher zu einem neuen Aberglauben, zu Spiritismus und selbst Satanismus, sind andere Ausbruchsversuche aus sozialer und religiös-weltanschaulicher Ordnung.

Aussteigergruppen wirken um so erfolgreicher, je radikaler sie mit den Lebensgewohnheiten und Ideen der sogenannten „etablierten“ Ordnung brechen. Sie unterstützen damit das Gefühl, „alles ganz anders machen zu müssen“. Gegenüber der vielfach gestörten sozialen Ordnung bieten sie das Bild einer intakten Gemeinschaft, in der sich jeder für jeden einsetzt und alle an einem Strang ziehen. Vor allem den jungen Menschen mit seinem Sinn für Ganzheit und Ungebrochenheit fasziniert dies. Auch Zielvorstellungen, die als der „einzige Weg zur besseren Zukunft“, „einziger Ausweg aus dem drohenden Chaos“, „einzige Rettung vor dem Orwell'schen 1984“ gepriesen werden, werden einer Aussteigergruppe eher geglaubt als einem „etablierten System“, das heißt, der vorhandenen sozialen und religiösen Ordnung und deren Trägern. Deren Fehler kennt der Jugendliche, denn er ist in diesen Ordnungen aufgewachsen und hat diese Fehler meist am eigenen Leibe erlebt.

Die Aussteigergruppe tritt dagegen unbelastet auf. Ihre Fehler sind unbekannt und werden von ihr verständlicherweise auch nicht offen dargelegt. Weil schon die als Grundordnung erlebte Familie in vielen Fällen Risse und Fehler aufweist, trotzdem aber (als Ort der Sicherheit und Geborgenheit) das Sehnsuchtsmodell Nummer eins für den Menschen bleibt, können Aussteigergruppen besonders gut mit dem Bild der „heiligen Familie“ werben. Die Aufnahme in diese neue Familie und die Abkehr von der Familienwelt, aus der man kommt, wird durch die Annahme eines neuen Namens bestätigt. Dieser Name wird dem Neuling meist durch die Gruppe verliehen. Er ist das Einstandsgeschenk der Aussteigergruppe für den Neuen.

Ein weiteres Plus der Jugendreligionen liegt darin, daß sie den jungen Menschen oft als Gleichaltrigen ansprechen. Früher war es für die meisten jungen Menschen ein Ziel, so zu werden wie ihre Eltern.

Das ist heute anders geworden. In unserer Welt ist Veränderung zum Gesetz geworden. Die Begriffe „neu, fortschrittlich, jung, schön und gut" sind fast austauschbar. In der Werbung ist das deutlich zu sehen. Demgegenüber treten „alt, überholt und altmodisch" als zusammengehörige Begriffe auf. Wir dürfen uns nicht wundern, wenn junge Menschen diese Werbeslogans und Titelbildklischees auch auf ihr Weltverständnis übertragen. Warum von Älteren Ratschläge annehmen, wenn doch „alt" und „überholt" beinahe gleichbedeutend sind? Wie kann man von Älteren eine Lösung für Probleme erwarten, wenn die „Alten die Welt doch nicht mehr verstehen"?

Das sind Extreme. Glücklicherweise treten sie nicht übermäßig häufig auf. Unsere Gesellschaft macht sich aber schon seit einiger Zeit der Überbewertung des Jugendlichen, der Jugend schuldig. Angefangen damit haben die Diktaturen. Weiterbetrieben wurde diese Jugendwelle von der Verkaufsbranche, seit die Jugendlichen mehr Geld in den Händen haben. Sie lassen es sich – von einer geschickten Werbung beeinflußt – auch leichter aus der Hand nehmen als Ältere.

Unzufriedenheit

Unzufriedenheit ist in einer Konsumgesellschaft an sich schon eine weitverbreitete Eigenschaft. Ursprünglich ist sie der gute und verständliche Antrieb zur Veränderung eines unguten Zustandes. Werden die Bedürfnisse jedoch erfüllt, muß sich damit die Unzufriedenheit nicht legen. Sie kann im Gegenteil sogar anwachsen, wenn sie sich nicht mehr auf ein bestimmtes Ziel richtet, sondern zum unklaren Gefühl wird.

Unzufriedenheit entsteht dort, wo man kein Ziel hat, aber auch dort, wo man seine Umwelt nicht überschauen kann. Aus Unzufriedenheit kann regelrechte Angst werden. Wir leben heute in einer besonders schwer überschaubaren Welt. Das Konsumangebot ist stark angestiegen. Ständig entstehen neue Berufe, gibt es neue Möglichkeiten. Im Guten wie im Schlechten.

Zu alledem ist unsere Welt eng zusammengewachsen. Ereignisse, die sich in einer Entfernung von 10 000 Kilometern abspielen, können morgen unser Leben verändern. Ein Streit zwischen weit entfernten Völkern kann beispielsweise die Ölpreise auf der ganzen Welt und damit die Haushaltsplanung völlig unbeteiligter Familien ins Wanken bringen. Es gibt viele Beispiele für diese enge Verflechtung, die auf unserem Planeten inzwischen herrscht. „Wer kennt sich da noch aus?" ist eine häufig gehörte Klage. Mit dem stärkeren Zusammenwachsen der Welt entsteht auch eine immer größere Entscheidungsverdichtung. Gemeint ist damit, daß ein kleiner Kreis von Experten mit Hilfe von Computern immer bessere Informationsmöglichkeiten hat und demzufolge immer mehr Entscheidungen von großer Tragweite fällt. Es bleibt immer weniger Entscheidungsspielraum für den einzelnen.

Auch im kleinen persönlichen Bereich wirkt sich das aus. Familien müssen ihren Urlaub aufgrund der Planung ihres Betriebes nehmen. In den Schulen werden Lernziele und -methoden festgesetzt, die von den Eltern nicht mehr überblickt und manchmal nicht befürwortet werden können. Schließlich zwingt die allgegenwärtige Industriewerbung über das Fernsehen schon den Jüngsten eine Lebensauffassung auf, gegen die elterliches Wollen machtlos sein kann.

Junge Menschen, die sich diese Welt mit offenen Augen anschauen, können durchaus zu dem gleichen Urteil kommen wie ein sechzehnjähriger Münchner: „Das macht doch alles keinen Spaß mehr. Mir stinkt das, ich hau ab." Sprach's und verzichtete auf den weiteren Schulbesuch. Sehr zum Ärger der Eltern, die dafür kein Verständnis hatten. Aussteigergruppen können hier ein

Gegenangebot machen: „Komm zu uns, in eine überschaubare Familie. Komm zu uns, hier bekommst du klare Weisungen."

Die Kritik des jungen Menschen richtet sich nun aber genauso gegen die herkömmliche Glaubensgemeinschaft wie gegen die herkömmlichen sozialen Ordnungen. Man muß nüchtern sehen, daß der schulische Religionsunterricht oft nicht die Wirkung hat, die sich Eltern, Lehrer und Kirche wünschen. Das Maß an religiösem Wissen, das er vermittelt, ist begrenzt. Für manchen Jugendlichen wäre eine gute religiöse Wissensvermittlung wichtiger als Kenntnisse über soziales Engagement, die auch von anderen Unterrichtsfächern vermittelt werden können.

Jeder Mensch in unserer Gesellschaft wächst mit einem gewissen Maß an „innerer Kirchenkritik" auf. „Schon wieder diese verflixten Kirchensteuern", „Was macht die Kirche nur mit unserem Geld?", „Der Pfarrer paßt mir nicht", „Die Gottesdienste sind zu langweilig" und ähnliche Äußerungen begegnen uns im Gespräch, in Presse und Rundfunk und schaffen fast das gleiche Klima, das in einer durch Gewöhnung ruinierten Ehe entsteht. In beiden Fällen nagen Mißhelligkeiten am Zusammengehörigkeitsgefühl, ohne daß besondere Glückserlebnisse wieder neuen Zusammenhalt bringen. Die Jugendreligionen laden auch hier zum Ausstieg ein, wenn sie mit jungfräulicher Untadeligkeit („Bei uns gibt es das alles nicht") auftreten.

Kritik an ihnen von seiten der Kirche wird leicht als „Kampf des neidischen Großen gegen den erfolgreichen Kleinen" abgetan.

Da die Jugendreligionen sich als „dynamische neue Gruppe" darstellen, andererseits aber auf das Mitgefühl mit dem „unterprivilegierten armen Kleinkreis" zählen können, sind ihre Missionare bei den Jugendlichen in einer stärkeren Position als der Pfarrer („Vertreter einer mächtigen Organisation"), der angeblich sein Gehalt dafür bekommt, daß er diese und keine andere Meinung (in dem Falle Gegenmeinung) äußert. Die Jugendreligionen als soziale und religiöse Aussteigergruppen haben ihre Mitglieder immer fester in der Hand, als die allgemeine Gesellschaft ihre Glieder haben könnte. Das gilt übrigens desto mehr, je geringer das Angebot an Autorität in der Gesellschaft wird.

Was können Eltern und Betroffene tun?

Die Ratlosigkeit ist groß

Mit bedrückender Regelmäßigkeit wird im Zusammenhang mit den neuen Jugendbewegungen und -religionen, mit Sekten und Meditationsbewegungen an Fachleute und Berater die Frage gestellt: „Was können wir tun?"

„Bitte helfen Sie uns, unseren Sohn wieder zurückzuholen"; „Wie müssen wir uns verhalten?"; „Was haben wir nur falsch gemacht?"; „Meine Tochter hat mir geschrieben, wenn ich ihr nicht einen Betrag von über 3000 Mark für weitere ‚Studien' bei der Sekte gebe, will sie unseren Kontakt ganz beenden. Muß ich ihr das Geld geben?" usw.

In unzähligen Fällen werden hilfreiche Hinweise und Ratschläge erbeten.

Für die Betroffenen ist die Lage oft völlig neu und brutal bedrängend. Mit Recht erwarten sie sich von dort Hilfe, wo man schon länger mit solchen Fragen und Fällen umgehen mußte.

Aber Jugendämter, Telefonberatungsstellen, Seelsorger und Psychologen oder Therapeuten sind auch heute noch häufig überfordert. Für sie sind diese Klagen und Wünsche und die ihnen zugrunde liegenden Fälle oft nicht überschaubar und einschätzbar. So kommt es manchmal zu gutgemeinten, aber doch unangemessenen Empfehlungen.

Eine Mutter, deren sechzehnjährige Tochter einer Jugendreligion beigetreten war und ihre schulische Ausbildung abbrechen wollte, suchte bei der vom Stadtjugendamt einer Großstadt genannten Beratungsstelle Hilfe. Zwei Berater bemühten sich, der Mutter klarzumachen, daß sie ihrer Tochter doch die „Selbstbestimmung lassen" sollte. Einer der Berater versuchte sie schließlich mit dem Satz zu beruhigen, daß „wir uns ja alle mal die Hörner abstoßen mußten“. Der naheliegende Hinweis, die elterliche Gewalt bei der nicht volljährigen Tochter derart zu nutzen, daß ihr der weitere Schulbesuch und die Trennung von der Gruppe aufgegeben würde, kam nicht. Als die alleinerziehende Mutter von Freunden dahingehend beraten wurde und sich dann – trotz der schlechten Erfahrung – bei der Beratungsstelle noch einmal vergewissern wollte, warnte man sie dort davor, einen solchen „unwürdigen Zwang“ auszuüben.

In diesem Fall hatten die Berater sich nicht nur von einer falschen Grundidee leiten lassen, ohne auf den besonderen Fall einzugehen; sie hatten auch keinerlei Ahnung von den Folgen, die ein längerer Aufenthalt in der „Familie der Liebe“ („Kinder Gottes“), um die es sich handelte, für ein sechzehnjähriges Mädchen haben kann.

Die Aussicht, daß das Mädchen vielleicht schon ein Jahr später ein Kind „für Jesus gezeugt“ hätte, kann man wohl kaum als „Hörnerabstoßen“ verharmlosen.

„Sind wir denn vollkommen hilflos?“

Eine der ersten, leider auch häufigsten Fragen betroffener Eltern und Angehöriger lautet: „Ja, sind wir denn jetzt vollkommen hilflos? Können wir gar nichts machen?“ Juristisch gesehen kann die Antwort darauf nur „Ja!“ heißen. Vorausgesetzt, daß der oder die Betroffene volljährig ist.

Im Falle der Minderjährigkeit sollten Eltern von der ihnen rechtlich zugewiesenen „elterlichen Gewalt“ klar und deutlich Gebrauch machen und den Gruppen auch untersagen, den Nichtvolljährigen aufzunehmen. Beachten diese das nicht, kann man die Polizei um Hilfe bitten.

Das klingt sehr hart. Und häufig sagen die Betreffenden auch: „Wenn Du mich nicht gehen läßt, gehe ich, sobald ich 18 bin, ganz von Dir (Euch) weg. Dann breche ich alle Brücken hinter mir ab.“ Ob man sich von einem solchen Erpressungsversuch einschüchtern lassen soll, muß man selber entscheiden.

Manchmal sind auch die Eltern selbst oder die Geschwister der Ansicht, man sollte niemanden zwingen. Es handle sich doch um eine Entscheidung „aus freiem Willen“.

Zuerst einmal sollte man abklären, ob diejenigen, die so argumentieren, auch gewillt und in der Lage sind, die Verantwortung und die Folgen dieser Entscheidung auf sich zu nehmen. Danach sollte man prüfen, ob sie etwas von den Gruppen und ihren Methoden wissen. Wenn eine der Jugendreligionen die Anweisung gibt, man müsse seinen Vorgesetzten in allem folgen, sonst falle man unter einen Fluch (Kinder Gottes/Familie der Liebe), eine andere es für falsch erklärt, Außenstehenden eine Entscheidung zu überlassen (Scientology), dann wird man hier nicht mehr mit dem normalen „freien Willen“ rechnen können.

Neben das Verbot „Du gehst da nicht hin, sondern beendest Deine Ausbildung“, müssen natürlich andere begleitende Maßnahmen treten (vielleicht ein Aufenthalt in einer anderen christlichen Gruppe während der Ferien, seelsorgerliche und geistliche Betreuung usw.).

Ist jemand 18 Jahre alt, dann ist er in seiner Entscheidung frei. Auch dann, wenn seine Eltern für seinen Lebensunterhalt aufkommen oder bislang aufgekommen sind. Es gibt keine juristische Handhabe, mit der Eltern einen Jugendlichen zum Abschluß der Ausbildung zwingen könnten, die sie bislang bezahlt haben.

Solche Eltern müssen hilflos mit ansehen, wie ihre Kinder die Ausbildung unterbrechen, ihren Besitz der Jugendsekte übergeben, soziale Bindungen und menschliche Kontakte abbrechen und in eine Verfassung geraten, die der Berliner Kriminalist Gerd Meyer in der Zeitschrift „Der Kriminalist“ als „moderne Sklaverei“ bezeichnet hat. Meyer stellt fest:

> „Die damals praktizierte Sklaverei ist zwar zwischenzeitlich in allen Ländern abgeschafft und gehörte bis vor kurzem der Geschichte an. Aber die Sekten haben doch eine Möglichkeit ge-

funden, sie in moderner Form wieder einzuführen. Sie lassen junge Menschen mit Intelligenz und guter Ausbildung fast ohne Bezahlung arbeiten. Als Gegenleistung wird ein karg bemessenes Essen und eine primitive Schlafstelle geboten. Bei Bedarf werden diese Menschen wie Ware exportiert. In der alten Zeit wurde die Bewegungsfreiheit der Sklaven durch Ketten und Gesetze eingeengt, während man sie heute mit dem Mittel der Suggestion geistig fesselt und sie zu willenlosen Werkzeugen macht."

Es gibt aber doch zwei unschlagbare Waffen, die man gegen diese „moderne Sklaverei" einsetzen kann: die Erinnerung und die Zuneigung, die Liebe.

Die *Erinnerung* bindet uns an unsere Vergangenheit. Sie ist sowohl verstandes- als auch gefühlsmäßig als auch im Unterbewußtsein gegenwärtig. Die Bilder glücklicher Kindertage kann niemand auslöschen. Sie werden weder durch den Krisna-Sing-Sang noch durch die Schreiben eines Gurus oder Sektengründers noch durch scientologische Beeinflussung oder durch Munsche Satanslehre verwischt und völlig ausgemerzt. Daher ist es sinnvoll, in Briefen die Erinnerung anzusprechen. „Weißt Du noch …" Und wo die verstandesmäßige Erinnerung verdrängt, die gefühlsmäßige unterdrückt wird, besteht immer noch die „Erinnerung des Unterbewußten". Wir haben unseren Kindern schon in den ersten Lebensjahren Verhaltensmaßstäbe eingeprägt, gegen die kein „heiliger Meister" auftreten kann. Er kann bestenfalls versuchen, dort betrügerisch anzuknüpfen.

So ist grundsätzlich festzustellen, daß all diese Bewegungen, Gruppen, Jugendreligionen und Sekten auf einer Haltung aufbauen, die als „sozial positiv" bezeichnet werden kann.

Die jungen Menschen, die sich missionieren ließen, hatten alle den ihnen von zu Hause aus eingeprägten Willen, Gutes und Richtiges zu tun. Ein in der Wolle gefärbter Egoist wird kaum je einer solchen Gruppe beitreten (und wenn er's tut, wird er sich dort nicht lange halten). Die Schwierigkeit scheint also die zu sein: Daß die Kinder zur Verantwortung und zum Guten hin erzogen worden sind, bietet den Sekten, Jugendreligionen und Bewegungen den Anknüpfungspunkt.

Sie können dann etwa so argumentieren: „Nirgends wirst Du die Möglichkeit finden, für alle Menschen das Gute zu erreichen. Nur durch das rettende ‚Rezept‘ unseres Führers ist dies möglich geworden. Komm darum zu uns.“

Hiergegen läßt sich allerdings einwenden, daß dieses Gute für die Nächsten doch zuerst einmal verständlich und erkennbar sein müßte. Wenn man dieses Argument anbringt, sollte man eine Antwort gar nicht erst abwarten. Es ist ein Denkanstoß für die „tägliche Stunde der Wahrheit“ – den Zeitraum zwischen Zubettgehen und Einschlafen. In der Dunkelheit können wir uns selbst am wenigsten ausweichen.

Die zweite Waffe ist die *Liebe.* Sie ist noch mächtiger als die Waffe der Erinnerung. Gegen eine uneigennützige Liebe ist die trickreiche und gruppenegoistische „Liebe“ der Gruppenführer und der Gemeinschaften machtlos.

Die persönliche Liebe zu einem Kind, Partner oder Freund muß jedoch weitgehend (so weit als möglich) selbstlos sein. Es wäre mißlich, würde man verletzten Eltern- oder Partnerstolz mit dieser Liebe verwechseln. Solche Liebe kennt nicht „Argumente“ wie:

„Wie konntest Du mir (uns) das antun?“

„Wie kannst Du nur so undankbar sein?“

„Wie stehe ich denn nun da?“ usw. usw.

Das sind Fragen, die eher den Frager in den Mittelpunkt stellen als den Befragten.

Von der Liebe wird gesagt, sie eifere nicht, sie rechne auch nicht zu. Damit ist gemeint, daß Liebe nicht solche erpresserischen Argumente anbringt.

Natürlich können solche Fragen auch Zeichen der Angst und Unbeholfenheit sein. Aber das wird der Betroffene dann schon spüren. Angst und Sorge darf der geliebte Mensch ruhig heraushören. Allerdings ist echte Liebe auch „langmütig“, das heißt, sie verliert nicht gleich den Mut. Hoffnungsloses Weinen wäre ein Zeichen der Mutlosigkeit, kein Zeichen der Liebe.

Zur Liebe gehört es, *die Nerven zu behalten.* Auch wenn einen die Sache schwer getroffen hat, muß man sich wieder fangen. Eine Mutter, deren Kind schwer krank ist, wird ihm durch haltloses Weinen und nervöses „O Gott, was soll ich denn tun?" kaum helfen können. So ist es auch in unserem Fall. Wir müssen im Interesse unserer Kinder Ruhe bewahren. Innerhalb der Gruppen herrscht eine ewige nervöse Geschäftigkeit. Ein ruhiger Gegenpol wäre ein gutes Heilmittel. Ruhige Fragen, ruhige Anweisungen können erste kleine Hilfen zur Rückkehr sein. Auch wenn die Anweisungen nicht befolgt werden. Übrigens: Einem kranken Kind sieht man auch vieles nach. Und bei einer Krankheit tritt die Genesung auch nicht schlagartig ein.

Wenn ja, dann ist es ein Wunder. Auf Wunder soll man hoffen, aber nicht mit ihnen rechnen.

Noch eine Waffe gibt es, die unbezwingbar ist: der *Glaube.* Glaube ist Vertrauen und drückt sich in der Hinwendung zu demjenigen aus, an den man glaubt. Hinwendung zu Gott heißt Gebet. Hinwendung zu einem Menschen, zum Ehepartner, zu Kindern oder Eltern spricht die gleiche Sprache. Der Grund-Satz heißt „Ich brauche Dich! Hilf mir!" und „Ich weiß, daß Du mich nicht im Stich läßt."

Dem Autor sind einige Fälle bekannt, wo Eltern, die sich auseinandergelebt hatten, dadurch wieder zueinanderfanden, daß ihr Kind einer Jugendreligion beitrat. In diesen Fällen hat auch die Tochter (beziehungsweise der Sohn) hinterher wieder zurückgefunden.

Die Frage „Sind wir denn vollkommen hilflos?" muß also doch mit „Nein!" beantwortet werden.

Der „Psycho-Terrorist"

Aufgrund leidvoller Erfahrungen einer Reihe von Eltern muß jedoch noch auf eine besondere Erscheinung hingewiesen werden: den „Psycho-Terroristen". Damit sind jene Kinder gemeint, die anscheinend ohne wirklichen Grund plötzlich anfangen, die Eltern oder einen Elternteil zu terrorisieren. Solche „Karrieren" beginnen meist um die Zeit der Pubertät. Extrem flegeliges Benehmen, häufiges Ausreißen, Zerstörungshandlungen und regelrechte Wutanfälle zählen zu den typischen Merkmalen. In einigen Fällen gehört die Verbindung zu einer Sekte oder Jugendreligion oder zu einer anderen Gruppe (zum Beispiel Bahai, alternative Kommune, EAP oder andere Polit-Sekten, Okkult-Gruppen usw.) zum Psychoterror-Programm solcher kranker Kinder. Denn um eine (in den meisten Fällen vorübergehende) Krankheit handelt es sich. Sie kann ein paar Jahre dauern.

Auf jeden Fall empfiehlt es sich, mit dem Kind zu einem anerkannten Psychiater oder Psychologen zu gehen. Vor dem Gang zum Psychologen muß man sich jedoch genau erkundigen, ob dieser nicht selber einer Jugendreligion angehört (Diplom-Psychologen mit „Bhagwan"-Vorstellungen sind leider nicht selten).

Fürs erste aber ist es angebracht, den Psycho-Terroristen nicht schwer und sich nicht zu sehr zu Herzen zu nehmen. Er braucht eine liebevolle, aber feste und bestimmte Führung. Wenn man sich sein Wohlverhalten zu erkaufen versucht, verleitet man ihn nur zu weiteren Erpressungen.

Ist er volljährig und droht „zu gehen", lautet die beste Antwort: „Wir können auch ohne dich und deinen Terror leben." In einer Sekte oder Jugendreligion wird man ihn auch kaum lange behalten.

Über Gründe nachdenken

Der Übertritt eines Familienmitgliedes zu einer Sekte oder Jugendreligion wird in jedem Falle auch Rückwirkungen auf die Familien und auf einzelne Familienmitglieder haben.

Dabei ist es gleichgültig, ob der Betreffende sich von seiner Familie trennt, vielleicht sogar jede Verbindung zu ihr abbricht, oder ob er im Haushalt wohnen bleibt und es dort zu einer Spaltung zwischen ihm und den übrigen Familienangehörigen kommt. Es wird gut sein, bei diesem Anlaß darüber nachzudenken, inwieweit die Gründe für sein Verhalten im eigenen Familienleben liegen könnten.

Von Vorwürfen sollte man jedoch von vornherein absehen. Sätze wie „Hättest Du das und das getan …“ nützen ebensowenig wie Selbstanklagen („Hätte ich nur …“). Mit beidem ist niemandem geholfen.

Allerdings sollte man jetzt unausgesprochene Spannungen im wahrsten Sinne des Wortes „zur Sprache bringen“, das heißt, Dinge aussprechen und diskutieren, um die man sich bisher immer herumgedrückt hat.

Aber auf keinen Fall als Anklage- und Verteidigungsspiel!

Beispielsweise könnte man in der Familie in größeren Zeitabständen eine „Tischkonferenz“ abhalten. Die Familie bleibt nach dem Essen sitzen. Das Geschirr wird abgeräumt. Dann beginnt in einer bestimmten Reihenfolge (entweder nach der Sitzordnung oder nach dem Alter) ein Familienmitglied jedem, der am Tisch sitzt, zu sagen, was ihm an diesem nicht paßt. Der so Kritisierte darf sich weder durch Worte noch durch Grimassen oder Gesten verteidigen. Er hat ruhig dazusitzen und sich alles anzuhören. Er selbst wird später auch Erklärungen gegenüber den anderen abgeben können, ohne daß diese sich verteidigen dürfen. Eltern sind als absolut gleichberechtigte Partner mit einbezogen. Auch Erklärungen von der Art „Ich will mich bessern“ sind nicht erlaubt. Es gibt absolut keinen Kommentar zu dem, was gesagt wird.

Tatsächlich schleichen sich bei uns ja nur allzu leicht Gewohnheiten ein, deren Wirkungen auf den anderen wir oft nicht kennen. Bei einer solchen „Tischkonferenz“ haben die Familienmitglieder nun Gelegenheit, sich gegenseitig darauf hinzuweisen.

Sicher wird es einem Vater weh tun, wenn er merkt, daß seine gutgemeinte Härte vom Sohn nicht als Liebe verstanden wird.

Manche Eltern erschrecken vielleicht darüber, daß eines ihrer Kinder sich übergangen vorkommt. Meistens wird dem Kind, das am wenigsten Umstände und Ärger macht, zuwenig Aufmerksamkeit geschenkt. Mir ist bei Untersuchungen über Beitritte zur Mun-Bewegung aufgefallen, daß es häufig Jugendliche aus kinderreichen Familien oder auch Einzelkinder sind, die der Munschen Vereinigungskirche beitraten. Und daß in den meisten Fällen die Kindheit folgendermaßen beschrieben wurde: „Wir hatten eigentlich nie Schwierigkeiten mit ihr (oder ihm). Sie (oder er) war immer ein freundliches und stilles Kind. Wir hätten nie gedacht, daß es mit ihr (oder ihm) einmal Probleme geben könnte.“

Allzu schnell nimmt man sich Kritik gegenseitig übel. Man empfindet sie als persönlichen Angriff, statt zu bedenken, daß sie eine Hilfe sein kann. Kritik zu ertragen und einzusehen, daß man einen Fehler gemacht hat, ist eine schwere Aufgabe. Kritik ohne Gehässigkeit auszusprechen, ist ebenso schwierig. Allerdings wird man sich auch der Kritik stellen müssen, die stark gefühlsbetont vorgetragen wird.

Das Verhältnis der Ehepartner untereinander ist ein anderes wichtiges Gebiet, dem eine Überprüfung guttäte. Eltern spielen vor ihren Kindern ein Rollenspiel, dessen Regeln diese ungewollt und unterschwellig übernehmen.

Wie wird wohl ein Sohn, dessen Vater die Mutter immer zurückgestellt hat, dereinst seine Frau behandeln? Welchen Eindruck wird ein Mädchen von der Rolle einer Ehefrau haben, wenn die Mutter ständig am Vater herumnörgelt und ihn wie ein unmündiges Kind behandelt? Und wie können Kinder, die aus geringen Anlässen jähzornig angebrüllt oder gar geschlagen werden, lernen, sich später, wenn sie selbst erwachsen sind, anders zu verhalten?

Zu den Überlegungen wird auch die Suche nach besonderen Anlässen gehören, die den anderen zu dem Schritt „nach draußen" getrieben haben. Ein Vater, der seine Tochter aus einer Sekte herausholen will, jedoch selbst bei einer Freundin und nicht bei seiner Familie lebt, wird wenig Erfolg haben. Vielleicht ist gerade diese Trennung in der Ehe der Eltern der Anlaß zum Weggang der Tochter gewesen.

Ein Mann, der kaum Zeit für seine Familie hat, braucht sich kaum zu wundern, wenn die Frau ihm plötzlich die Gemeinschaft ganz aufkündigt und ihr Leben den Richtlinien einer Meditationsbewegung unterwirft. Auch der Hinweis „Ich tue das doch alles nur für meine Familie" repariert die Bruchstelle nicht.

Eltern, die ihren Kindern aus anerkennenswerten, aber für diese nicht einsichtigen Gründen statt eines Zuhauses nur Konsum und finanzielle Zuwendungen bieten, werden vielleicht sehr überrascht sein, wenn die Jugendlichen plötzlich ein Leben in Entsagung und strengem Dienst in einer Sekte oder Jugendreligion vorziehen.

Noch eins sollte nicht übersehen werden. Der Mensch lebt tatsächlich nicht nur vom Brot allein, sondern auch und in ganz starkem Maße von seinem Glauben. Das kann ein religiöser Glaube, aber auch ein Vertrauen auf bestimmte Menschen oder Ideologien sein. So wie wir die Welt sehen, so ist sie für uns. Darauf stellen wir uns ein, dafür bringen wir Opfer.

Nun investieren wir ineinander viel Freizeit und finanzielle Mittel. Wir bieten unseren Ehepartnern und Kindern vieles, was man sich früher nicht leisten konnte.

Bieten wir ihnen auch begründete Lebensspielregeln? Bieten wir ihnen Richtlinien und ein Ziel, für das zu leben sich lohnt? „Weißt du, was der Sinn des Lebens ist?" Diese Frage wird in der Mission der Sekten und neuen Jugendreligionen oft gestellt. Und der Köder sitzt nur allzu häufig fest. Woher soll man den Sinn kennen? Haben ihn die Eltern uns übermittelt? Haben wir ihn uns gemeinsam erarbeitet? Gern verläßt man sich dann auf „den Religionsunterricht". Aber haben wir überprüft, ob die Antwort auf solche Fragen dort vermittelt wird?

Wissen wir selbst, wofür wir uns abschuften und seelisch aufarbeiten? Dafür, daß sich unsere Kinder dann wieder für ihre Kinder aufreiben? Oder vielleicht „für die paar schönen Stunden im Leben"?

All diese Fragen zu beantworten würde den Rahmen dieses Buches sprengen. Ich möchte nur darauf hinweisen, daß man sich Gedanken darüber machen sollte. Daß man nachdenken kann, ob nicht diese Gründe mit dazu geführt haben (oder einmal führen können), daß unser Kind sich zu einer Jugendreligion hingezogen fühlt.

Den anderen Glauben kennenlernen

Nicht jeder wird von seiner Umwelt und seinem Horizont her in der Lage sein, religiöse und geistige Auseinandersetzungen mit rationalen Argumenten zu führen.

Ich denke dabei an eine Bäuerin aus Niederösterreich, deren Sohn (siebentes Kind, Abiturient) zu einer der neuen Jugendreligionen gegangen war. Sie schrieb: „Man hat schon vorher nicht recht alles mit dem Buben reden können. Aber den neuen Glauben versteh' ich gar nicht. Er sagt auch nicht viel drüber und meint nur, wir sollen Vertrauen haben und doch mal hinkommen. Wir sind alle katholisch und wollen es auch bleiben. Der Vater hat schon geweint, weil man mit dem Franz gar nicht reden kann und er uns auch nicht mehr versteht."

Daß man vorher schon „nicht recht alles" mit dem Sohn reden konnte, verdeutlicht den Bildungsunterschied zwischen den Bauersleuten und ihrem Abiturientensohn. Jetzt kommt auch noch der neue Glaube, von dem man nichts versteht. Nur das eine: daß er anders ist als der eigene Glaube und daß sich das Verhalten des Sohnes völlig verändert hat. Hier wird die Auseinandersetzung auf gefühlsmäßiger Ebene geführt. Die Tränen des Vaters und die Sorgen der Mutter wiegen nicht weniger schwer, als es gut gewählte Worte einer rationalen Auseinandersetzung täten.

Wer jedoch in der Lage ist, die andere Religion oder Bewegung kennenzulernen, der sollte dies auf keinen Fall versäumen.

Dabei darf man aber nicht auf eine Weise vorgehen, die falsche Hoffnungen erweckt. Wenn beispielsweise die Tochter einer Jugendreligion beigetreten ist, wäre es falsch zu sagen: „Schildere uns doch einmal Deinen neuen Glauben (oder Deine neue Organisation)." Das wäre aus mehreren Gründen ungeschickt:

- Das Mädchen ist selbst neu in dieser Religionsgemeinschaft und wird nicht „den neuen Glauben", sondern nur ihre Kenntnisse darüber vermitteln können.
- Ihre Darstellung wäre gefühlsmäßig bestimmt. Die Tochter wird nicht nur ihren neuen Glauben darlegen, sondern sich mit dieser Darlegung auch verteidigen wollen („Seht, so gut ist dieser Glaube!"). Ihre Informationen werden also nicht nur bruchstückhaft, sondern auch sehr subjektiv sein. Eigene Ansätze zur Kritik wird sie wohl kaum weitergeben, um den Eltern kein Gegenargument zu liefern („Du siehst ja selber ...").
- Mit der Frage nach ihrem neuen Glauben gibt man ihr die Möglichkeit, sich als Missionarin zu fühlen. Solche Gefühle aber verstärkten die innere Bindung an den neuen Glauben beziehungsweise an die neue Gemeinschaft.
- Und was mit am wichtigsten ist: Man erweckt damit vielleicht einen falschen Eindruck. Die Tochter nimmt womöglich an, daß man an ihrem Glauben Interesse hat. In Gedanken (und im Überschwang ihrer Gefühle) sieht sie die Eltern schon auf dem ersten Schritt in ihre Gemeinschaft. Die Tochter hat den Eltern voller Begeisterung von ihrem Glauben erzählt. Sie hofft, ihre Eltern ebenso zu überzeugen, wie die Gruppe *sie* überzeugt hat. Sie weiß ja in diesem Augenblick nicht, daß gutgeschulte Werber sie in einer auf Bekehrung abgestimmten Umwelt (in der Gruppe) nicht nur geistig, sondern auch seelisch-emotional „überwältigt" haben.

Sie wird also ihrem Missionsgespräch mit den Eltern (und als etwas anderes kann sie es nicht verstehen) die gleiche Wirkung zutrauen. Tritt diese nicht ein, ist sie enttäuscht. Sie kann das als „direkte Ablehnung" verstehen und persönlich übelnehmen. Sie hat die Eltern, als diese sich von ihr ihre Ideologie schildern ließen, vielleicht schon als Glaubensgenossen gesehen. Nun sieht sie in ihnen Feinde, wenn nicht gar „Verräter".

Es ist immer besser, sich an anderer Stelle und möglichst gründlich über die Gruppe zu informieren. Dabei ist zu unterscheiden zwischen

- Informationen über die Lehre,
- Berichten über die Geschichte der Gruppe,
- Berichten über den Gründer und
- Berichten über das Verhalten der Gruppe.

Sinnvoll es es, sich ein kleines Archiv anzulegen. Zeitungsausschnitte, in einfachen Aktendeckeln gesammelt, können der Grundstock dazu sein. Nicht vergessen, Datum und Quelle des Artikels zu notieren! Beispielsweise „Der Spiegel, 33/1983" (Nummer 33 von 1983). Oder „Südd. Zeitung, München, 12.3.1983".

In einer besonderen Mappe kann man Werbeflugblätter oder Zeitungen, die die Gruppe verteilt, aufheben.

Darstellungen über die Gruppe finden sich oft in der Stadtbibliothek. Auch eine Anfrage beim Pfarramt kann weiterhelfen.

Am Schluß dieses Buches finden Sie ein kleines Verzeichnis brauchbarer Veröffentlichungen.

Über das „Innenleben" der Gruppen, also über das Verhalten der Mitglieder untereinander, über das Verhalten der Führer gegenüber den Mitgliedern und über die Art, wie man „innen" über die „Außenwelt" (also auch die Eltern und Angehörigen) redet, informiert man sich am besten bei ehemaligen Gruppenmitgliedern. Solche Adressen lassen sich manchmal über die Elterngruppen (vergleiche Kapitel „Elterninitiativen") in Erfahrung bringen. Besonders hilfreich ist es, wenn sich Eltern oder Geschwister oder Ehepartner mit „Leidensgenossen" zusammentun, die das gleiche Problem haben. Auch hier geben „Ehemalige“ und deren Angehörige gerne Rat und Hilfe. Adressen von Elterninitiativen, landeskirchlichen Beauftragten für Sektenfragen und anderen Beratungsstellen finden Sie im Anhang dieses Buches.

Ein paar Hinweise fürs Gespräch

Bei einem Gespräch mit jemandem, der zu einer anderen Glaubens- oder Weltanschauungsgemeinschaft übergetreten ist, muß man, um Mißverständnisse und Aggressionen zu vermeiden, jedes Wort auf die Goldwaage legen. Dies um so mehr, je näher man mit dem Betreffenden verwandt ist. Man muß beispielsweise aufpassen, daß man den anderen nicht in eine Situation drängt, in der er seine Gruppe (und damit sich selbst) verteidigen muß. Das ist zum Beispiel der Fall, wenn man sagt: „Wie kann man nur so dumm sein, ... zu gehen.“ Nun muß der Betreffende beweisen, wie gut seine neue Gruppe ist und wie klug es von ihm war, ihr beizutreten.

Auch vor Bewertungen muß man sich hüten. Jede Bewertung des anderen Glaubens beziehungsweise der neuen Anschauung des anderen treibt höchstens einen Keil zwischen die Gesprächspartner. Der andere ist sicher, daß allein seine positive Bewertung „sachlich“ sei. Er sieht nicht, daß seine Bewertung nicht rational, sondern gefühlsmäßig bestimmt ist und daß die Argumente, die für ihn einleuchtend sind, seinem Gesprächspartner vielleicht nichts bedeuten. Wenn er das Gefühl hat, daß sein neuer Glaube herabgesetzt wird, fühlt er sich sofort persönlich mitbewertet. Tatsächlich können wir die Motive, die ihn zu dem neuen Glauben geführt haben, meist nicht verstehen. Wir müssen sie erst kennenlernen. Hätten wir sie gleich erkannt, so hätten wir schon lange vorher „entgegensteuern“ können. Das heißt, wir hätten dafür sorgen können, daß eine solche Entwicklung erst gar nicht eintritt.

Allerdings muß man seinen eigenen Standpunkt klar und deutlich herausstellen. Man kann nicht mit jemandem sprechen, der einen klaren Standpunkt (seinen neuen Glauben) vertritt, ohne selbst eine feste Position zu haben. Manchmal will man sich nicht „festlegen", weil man der Ansicht ist, das könnte die Fronten verhärten. Das ist sicher gut gemeint, aber falsch. Es ist für ein Gespräch sinnvoller, wenn der Partner meine Meinung kennt, als wenn er „wie mit einer Stange im Nebel" herumtappt. Ein Sohn zu seiner Mutter: „Mit dir kann man nicht sprechen. Das ist, wie wenn man in Wolken greift."

Und vor allem: Nicht anklagen! Es hat keinen Wert, dem anderen irgendwelche Vorwürfe zu machen. „Was du uns damit antust ...!" oder „Wenn du wüßtest, wie sehr dein Vater leidet ..." – damit wird der andere höchstens in eine Schuldsituation geführt, aus der heraus er wieder in seine Gruppe flüchten wird. Sie bietet ihm scheinbar festen Halt, eine klare Sicht der Dinge und eine Entschuldigung für vieles, was die übrige Umwelt nicht entschuldigen will.

Auch Schimpfen hat keinen Zweck. Beschimpfungen sind keine Gesprächshilfen. Sie sind meist ein Ausdruck der Unbeholfenheit oder Verzweiflung (selten reine Bosheit oder Haß). Man sollte weder den Gesprächspartner noch seine Glaubensgemeinschaft beschimpfen – beides bringt nichts.

Will man etwas Kritisches anmerken, dann ist es gesprächstechnisch am besten verpackt, wenn man es in eine Frage kleidet und die Antwort wiederum hinterfragt. „Ist es so, wie es in der Zeitung stand ...?" Antwortet der andere: „Nein, das sind Lügen!", kann man weiter fragen: „Woher weißt du das? Wie kannst du belegen, daß es Lügen sind ...?"

Man sollte im Gespräch absolut ehrlich sein. Eine kurzfristige Gesprächsüberbrückung oder ein „Punktgewinn" durch kleine Unkorrektheiten wird sich in den meisten Fällen später als große Niederlage erweisen. Mit der Ehrlichkeit hat man auf lange Sicht auch eine starke Position gegen die Gruppen, deren Wahrheitsbegriff sich etwa mit „Gut und wahr ist, was der Gruppe nützt" beschreiben läßt.

Achten Sie genau auf die Sprache Ihres Gesprächspartners! Sie können ihn dann auf jene Worte hinweisen, mit denen er meint, ein Argument ins Feld geführt zu haben, in Wirklichkeit jedoch nur „getrickst" hat. Solche Wortfallen kann man „Joker" nennen. Ein Joker ist im Kartenspiel die Karte, die man anstelle einer echten Karte einsetzen kann.

Ein paar Beispiele für solche Joker, die den anderen zum Kopfnicken und Zustimmen verführen sollen, ohne daß etwas bewiesen wurde, lassen sich am Einleitungskapitel des Mun-Buches „Die göttlichen Prinzipien" zeigen.

Die Einleitung beginnt gleich mit einem solchen Joker:

- „ Alle Menschen, ohne Ausnahme, streben danach, glücklich zu werden ..." – Das ist eine pauschale, unbewiesene, höchstwahrscheinlich falsche (aber richtig klingende) Behauptung.
- „Vom Gesichtspunkt des Wissens aus betrachtet ..." – Was soll „der Gesichtspunkt des Wissens" sein? Doch wohl der Gesichtspunkt der Mun-Bewegung.
- „Das Christentum, das seine Fähigkeit verlor, den Kommunismus an Glaubensstärke zu übertreffen" – klingt richtig, aber: Wieso soll das Christentum den Kommunismus an „Glaubensstärke" übertreffen? Wer mißt so etwas und wie? Wäre es nicht besser, es überträfe ihn an Menschlichkeit?
- „Wenn der grundlegende Zweck der Religion erfüllt werden soll ..." – Was ist „der grundlegende Zweck der Religion"? Jede Religion hat einen anderen „grundlegenden" Zweck. Daß sie alle *einen* „grundlegenden Zweck" haben, den sie nach Muns Ansicht nicht erfüllen, ist Mun-Ideologie!
- „Um an etwas glauben zu können, verlangt der Mensch logische und wissenschaftliche Beweise." Glauben heißt vertrauen. Auch Liebe verlangt keine „logischen und wissenschaftlichen Beweise". Das ist eine Verwechslung mit wissenschaftlicher Argumentation!
- „Der Tag muß kommen, an dem eine neue Wahrheit erscheint." Wieso? Brauchen wir wirklich „eine neue Wahrheit"? Was ist eine „Wahrheit"?

Eine ähnliche Gesprächsfalle ist das bei Sektenargumentationen häufig benutzte „Sie müssen doch zugeben ..." –Wieso eigentlich?

Die Beobachtung der Sprache und die höfliche, nicht bewertende, sondern hinweisende Korrektur („Nein, ich halte diesen Satz nicht für logisch, denn ...") kann Sie davor bewahren, im Gespräch überrumpelt zu werden.

Und vor allem müssen Sie Ruhe bewahren! Nichts sollte Sie, auch wenn es gerade jetzt besonders schwerfällt, aus der Ruhe bringen. Keine Sturheit des Gegenübers, kein Fanatismus, keine Aggression, kein Schmerz um den Betreffenden. Mit Ruhe verhelfen wir ihm und uns am besten zu einem sinnvollen Gespräch.

Briefkontakte

Man kann wohl davon ausgehen, daß etliche Gruppen den Briefverkehr ihrer Mitglieder mit Außenstehenden überwachen. Das zeigt sich beispielsweise, wenn Briefe mit kritischem Inhalt den Empfänger nicht erreichen oder in einem an die Eltern gerichteten Briefumschlag nicht der Brief des eigenen Kindes, sondern eines ganz anderen Gruppenmitglieds liegt (manche Gruppen öffnen und kontrollieren die Briefe, die ihre Mitglieder an ihre Eltern schreiben, und verwechseln dann manchmal die Umschläge.)

Daher empfiehlt es sich zunächst einmal, den Versand des Briefes abzusichern, indem man die Form des Einschreibebriefes wählt. Dann hat man zwar immer noch keine Garantie, daß der Brief den Empfänger erreicht, kann auch nicht kontrollieren, ob ein „Zwischenleser" beteiligt ist; man kann aber belegen, daß man Briefe abgeschickt hat.

In einem Fall machte ein junger Mann seinen Eltern Vorwürfe, daß sie sich „nie um ihn gekümmert" hätten, während sie glaubwürdig versicherten, ihm ständig geschrieben, aber keine Antwort erhalten zu haben. Die Mutter: „Wir haben gedacht, daß unser Sohn uns einfach nicht antworten will." Da die Briefe auch nicht wieder zurückkamen, nahmen die Eltern an, sie hätten den Empfänger erreicht. Mit einer Vernichtung der Briefe durch die Gruppe hatten sie nicht gerechnet.

In wichtigen Fällen wird sich ein „Einschreiben mit Rückschein" empfehlen. Ganz wichtige Nachrichten sollte man, wenn der Empfänger nicht antwortet, noch einmal mit Hilfe eines Rechtsanwalt-Schreibens übermitteln.

Dieser Informationsweg empfiehlt sich auch, wenn der Betreffende telefonisch nicht zu erreichen gewesen ist und es um einen bevorstehenden Todesfall in der Familie geht. In einem solchen Falle ist auch die Einschaltung der örtlichen Presse empfehlenswert, die in einer solchen Lage meistens hilfsbereit sein wird.

Im allgemeinen wird man diese letztgenannten Wege nicht wählen müssen.

Beim Briefkontakt sind persönliche und private Nachrichten wichtig. Der Empfänger ist auch dann ein Teil der Familie, wenn die Gruppe ganz anderer Ansicht ist. So kann man ihn per Brief an den Freuden und Sorgen seiner Familie voll teilhaben lassen. Man muß nicht damit rechnen, daß er auf alles eingeht. Es soll ihm aber mitgeteilt werden, was alles in seinem früheren Lebensumkreis geschieht.

Zur religiösen Auseinandersetzung oder zur Anklage eignet sich der Briefverkehr nicht. Sachliche Fragen wie „Was machst Du?" oder „Wann kommst Du einmal zu uns?" usw. sollte man dagegen stellen. Ausführungen über die Sektenlehre übergeht man am besten. Wenn es zuviel wird, kann man bitten: „Du weißt, daß ich die Lehre Deiner Gruppe ablehne, darum schreibe mir lieber Persönliches."

Wenn regelrechte Werbebriefe kommen, kann man sie der Elterninitiative oder einem Sachkundigen vorlegen. Diese sind zum Stillschweigen verpflichtet, lernen aber daraus einiges über die Verfahren und Argumentationsweisen der Gruppen.

Mun-Bewegung und Familie der Liebe/Kinder Gottes, vielleicht auch andere Gruppen wenden sich hin und wieder direkt an die Angehörigen. So beispielsweise gratuliert die Vereinigungskirche den Angehörigen ihrer Mitglieder zum Geburtstag.

Darauf kann man etwa wie folgt antworten:

„Ihre Geburtstagswünsche sind bei mir eingegangen. Sie würden besser tun, meine Tochter (meinen Sohn) wieder in seine Freiheit zu entlassen oder ihm zumindest zu helfen, die Ausbildung abzuschließen, aus der Sie ihn herausgerissen haben. Solange dies nicht der Fall ist, bitte ich Sie, mir keine derartigen ‚Glückwünsche' zuzusenden, die ich eher als Verhöhnung auffassen muß."

Will man ein übriges tun, kann man Karte und Kopie des Antwortschreibens einer Elterninitiative oder einem Sachkundigen für dessen Archiv übergeben.

Bettel- und Missionsbriefe von seiten der Gruppe (die nicht vom eigenen Angehörigen direkt geschrieben worden sind) kann man unbeantwortet lassen oder ebenso weitergeben.

Als Briefbeilagen in persönlichen Briefen eignen sich Fotos. Geld zu schicken, empfiehlt sich in Briefen ebensowenig, wie es auch als Geschenk ungeeignet ist.

Besuche und Feste

Manche Gruppen schicken auch einzelne ihrer Mitglieder auf Besuch nach Hause – teilweise unter dem Druck der öffentlichen Meinung, teils zu ganz bestimmten Zwecken und in einigen wenigen Fällen auch ohne erkennbaren Anlaß.

In solchen Fällen sind die Angehörigen oft besonders ratlos. Der anfänglichen Freude folgt sehr bald eine um so größere Niedergeschlagenheit, wenn die Eltern oder Angehörigen feststellen, daß der Betreffende gar nicht wirklich nach Hause gekommen ist, sondern sich nur als Gast zu Hause aufhält. Seine Ansichten haben sich nicht geändert, er wirkt stur und irgendwie fremd und hat vielleicht nur ein besonderes Ziel im Auge.

So kann es im Falle von Scientology geschehen, daß der Heimkehrende nur den Auftrag hat, die Sache zu „handhaben", wie man es bei der Scientology und bei Dianetics nennt. Er will die Unterschrift der Eltern, daß diese „nichts gegen das Studium von Scientology " und den Aufenthalt bei dieser Gruppe einwenden. Selbst Volljährige „erbitten" zum Erstaunen ihrer Angehörigen eine solche Unterschrift.

Die „Kinder Gottes/Familie der Liebe" haben auch schon Mitglieder einfach nur „zum Aufmöbeln" nach Hause geschickt. Sie kommen ohne Erklärung, sprechen nicht über ihre Gruppe und gehen so plötzlich wieder, wie sie gekommen sind. Meist neu eingekleidet und mit neuem Startkapital versehen. Es war ein regelrechter „Urlaub zu Hause". Nicht selten stellt sich später heraus, daß das nach Hause geschickte Mitglied zu diesem Zeitpunkt irgendeine Schwierigkeit in der betreffenden Gruppe hatte (beispielsweise eine Auseinandersetzung mit den Behörden).

Ähnliches ist auch schon bei der Krisna-Bewegung vorgekommen. Bei der „Vereinigungskirche" erhielten vor einigen Jahren Mitglieder Weihnachtsurlaub, wurden aber schon nach wenigen Tagen „überraschenderweise" durch einen Anruf aus der Zentrale in Camberg zurückbeordert. Vermutlich war der Urlaub auch nur für zwei bis drei Tage geplant gewesen, man wollte aber die

Angehörigen nicht zu Gegenaktionen verleiten und rechnete wohl damit, daß in den „ersten Tagen" bestimmt nichts geschehen würde.

Bei plötzlichen Besuchen eines Angehörigen einer Jugendreligion zu Hause empfiehlt es sich zuallererst, sich keine falschen Hoffnungen zu machen, die dann nur zu Enttäuschungen führen.

Zuerst einmal sollte man sich über Anlaß und Dauer des Besuches Klarheit verschaffen. Im Falle, daß der oder die Betreffende gekommen ist, um etwas zu „handhaben", sollte man ohne langes Zögern seine Entscheidung fällen und dem anderen mitteilen. Auch wenn dadurch der Besuch innerhalb der nächsten Stunde beendet sein sollte. Man erspart auf diese Weise beiden Teilen eine qualvolle Zeit.

Bei Besuchen dieser Art sollte man nicht versuchen, Besucher über die von ihm (beziehungsweise seiner Organisation) bestimmte Zeit hinaus gewaltsam dazubehalten. Dies sollte man auch gleich am Anfang klarstellen:

> „Wir würden uns freuen, wenn du länger bei uns bleibst. Natürlich hätten wir es am liebsten, wenn du ganz zu Hause bleiben würdest. Wir werden aber – wenn auch schweren Herzens – deine Entscheidung beziehungsweise die Entscheidung deiner Vorgesetzten in deiner neuen Gemeinschaft akzeptieren und dich dann ohne Umschweife wieder gehen lassen."

Klargestellt werden muß aber auch, daß der Besuch nicht zu Missionszwecken (etwa unter den anderen Geschwistern) mißbraucht werden kann. Dies muß deutlich gesagt werden.

Andererseits ist es auch gut, wenn dem Besucher gesagt wird, daß man ihn während des Besuches seinerseits nicht missionieren will.

> „Wir wollen eine möglichst unbeschwerte Zeit miteinander verbringen und allen Streit vermeiden. Dazu gehört auch, daß wir nicht über deine neue Religion (beziehungsweise deinen neuen Glauben) sprechen."

Mißachtet der Besucher diese Regel, wird man ihn unter Umständen auffordern müssen, diese Missionsversuche einzustellen. Sollten Eltern oder Angehörige sich zu der Entscheidung durchringen müssen, ihn wieder wegzuschicken, wird er daraus zumindest zwei Dinge lernen:

- Die Angehörigen lassen sich nicht erpressen, „nur um ihn um jeden Preis zu Hause zu haben".
- So überzeugend ist seine neue Lehre nun doch nicht, daß sich die Angehörigen für sie begeistern.

Man kann allerdings kein Versprechen für Dritte abgeben. Das sollte man beachten. Man wird den anderen Geschwistern nicht verbieten können, mit der Besucherin oder dem Besucher ein kritisches Gespräch zu führen. Auch die Großeltern können nicht durch Versprechen der Eltern (oder umgekehrt) gebunden werden.

Vor allen Dingen gilt auch hier wieder: Ruhe wahren! Auch wenn es schwerfällt. Auf keinen Fall sollte man Geschenke von hohem Wert machen. Zu leicht könnten sie sich hinterher in Geld umsetzen lassen und einem Zweck zufließen, den man bestimmt nicht unterstützen wollte (das gilt insbesondere für Schmuck, wertvolle Pelz- und Lederkleidung, technische Geräte, teure Bücher und Sammelgegenstände wie Briefmarken, Münzen oder Antiquitäten).

Selbstverständlich sollte man dem Betreffenden auch keine größeren Geldbeträge geben. Auch kleine Beträge können sich summieren (zehnmal zehn Mark ergeben hundert DM!). Daher sollten Eltern, Großeltern und Angehörige sich absprechen, damit nicht aus lauter Kleinbeträgen eine größere und für die Gruppe nützliche Summe entsteht.

Rückfahrkarten sollten auf keinen Fall finanziert werden. Das ist Eltern und Angehörigen nicht zuzumuten, daß sie für das neuerliche Weggehen ihres Kindes auch noch zahlen sollen. Vorsicht vor kleinen Erpressungsversuchen:

„Wollt Ihr, daß ich bei diesem schlechten Wetter zu Fuß gehen muß?“ Einzig richtige Antwort: „Nein, wir wollen, daß du bei uns bleibst.“
„Aber Ihr habt mir doch versprochen, mich nicht am Gehen zu hindern.“ Antwort: „Das tun wir auch nicht. Nur wirst du für deine Gruppe genug getan haben, daß man dir von dort das Fahrgeld schickt.“

Das Geld auch nicht auslegen.

Eine gewisse Schwierigkeit kann auch durch Telefonate entstehen. In einem speziellen Fall ist ein Jugendlicher „nach Hause gekommen“ und hat dann zwei Wochen lang in Abwesenheit der Eltern die Auslandstelefonate der Gruppe geführt. Es stellte sich erst bei der Abrechnung durch die Bundespost heraus, daß da Gebühren in erstaunlicher Höhe angefallen waren. Man kann das Telefon auch für einige Tage durch eine sogenannte Vollschaltung unterbrechen und auf Auftragsdienst schalten lassen. Das verursacht zwar einige Gebühren, hat aber den Vorteil, daß man vor Überraschungen sicher ist, einige Tage Ruhe hat und auch die Gruppe den Besucher nicht erreichen kann. Die Bedingungen können bei der Bundespost entweder am Schalter oder unter der Rufnummer 1141 erfragt werden.

Gespräche während der Besuchszeit können sich mit persönlichen Fragen, mit Erinnerungen und Neuigkeiten über Freunde und Bekannte beschäftigen. Politik eignet sich deshalb weniger als Gesprächsinhalt, weil daraus allzu leicht ein Kampfgespräch wird, da entweder „die Weltlage“ oder bestimmte politische Ansichten von seiten der Gruppe als Einstieg für Missionsgespräche benutzt werden.

Man kann die Zeit des Besuchs mit Spielen, Ausflügen und Veranstaltungen ausfüllen. Dabei muß bedacht werden, daß Spiele um Geld den Besucher in die peinliche Lage einer Zahlungsunfähigkeit und Verschuldung bringen, was vermieden werden müßte. Je mehr Personen an einem Spiel beteiligt sind, um so besser ist es. Sinn der Spiele ist es, Freude zu empfinden und sich aufeinander einzustellen. Für Mitglieder mancher Jugendreligionen, -bewegungen und -sekten kann dies ein neues Lernerlebnis sein.

Bei Ausflügen bieten sich Orte an, an denen man gemeinsam schon einmal eine besonders nette Zeit verbracht hat. Der Ausflug wird die Erinnerung wachrufen, auch ohne daß dazu Worte notwendig wären.

Museen, Kunstdenkmäler und schöne Naturlandschaften eignen sich besser als politische Denkmäler wie Schlachtfelder oder Erinnerungsstätten unserer jüngsten leidvollen Geschichte (zum Beispiel KZs).

Veranstaltungsbesuche werden sich nach den früheren Neigungen des Besuchers richten. Vielleicht hat er vor seinem Eintritt in die Gruppe gerne Klavier gespielt, es aber dann zugunsten des Totaleinsatzes für die neuen Heilslehren aufgegeben. Hier wäre der Besuch eines guten Klavierkonzertes angebracht.

Musik ist, wo ein bißchen Verständnis dafür besteht, überhaupt ein gutes Seelenheilmittel. Das gilt allerdings nicht für nervenaufreizende und besonders laute Unterhaltungsmusik. Diese Art von Musik hat einen anderen Zweck, der jedoch bei dem hier beschriebenen Anlaß nicht sinnvoll einzusetzen ist.

Partys sind für die Zeit eines solchen Besuches nicht besonders hilfreich. Gar zu leicht wird der Besucher in eine Zwangslage gebracht, die ihn nur noch fester an die Gruppe bindet. Vielleicht schon allein durch den kleinen, vielleicht gar nicht böse gemeinten Satz eines Partybesuchers:

„Schön, daß du wieder da bist, wir konnten alle nicht verstehen, daß du zu so einer blöden Sekte gegangen bist." Man hätte ebensogut auch gleich sagen können: „Mensch, warst du blöde!" Der so Angesprochene muß nun seine Gruppe verteidigen, um sich selbst zu verteidigen.

Besondere Essensregeln der Gruppe (Vegetarismus bei der Krisna-Bewegung usw.), sollten weder mit Gewalt mißachtet noch krampfhaft befolgt werden.

Wird in der betreffenden Religion der Fleischgenuß abgelehnt, kann man ja ein Essen auf den Tisch bringen, das teilweise auch für den Besucher annehmbar ist – beispielsweise Kartoffeln, Gemüse und Fleisch. Auf keinen Fall darf man jemanden zum Mitessen ihm nicht genehmer Speisen zwingen. Andererseits muß man sich auch nicht unter das Joch einer solchen Gruppe beugen. „Bei uns wird so gekocht wie immer. Wenn du bei uns zu Besuch bist, erwarten wir, daß du keine Sonderansprüche stellst. In gewissem Rahmen werden wir auf deine Essensregeln eingehen." Eine „Sonderküche" ist auch dann nicht empfehlenswert, wenn der Besucher sich sein Essen selber kochen will.

Gemeinsames Essen ist eine wichtige Form des Gemeinschaftslebens. Ein Extratisch und Extraspeisen für ein bestimmtes Familienmitglied werden nur während einer Krankheit oder durch zwingende äußere Umstände (beispielsweise Arbeitszeiten oder auseinanderfallende Schulzeiten bei Kindern) tragbar sein. Alkohol können auch die übrigen Familienmitglieder während einer solchen Besuchszeit zurückstellen.

Sehr gewarnt werden muß vor dem oft gutmütig-ärgerlichen Nötigen: „Nun trink doch mal ein Glas!" oder „Nun rauch doch mal eine!" Weder Alkohol noch Tabakwaren stehen im Ruf besonderer Gesundheitsförderung. Jemanden dazu auch noch nötigen zu wollen ist ungut und taktlos. Versucht es ein Dritter, wird man ihm das höflich und bestimmt untersagen müssen. Auch wenn es sonst ein guter Freund der Familie ist.

Weihnachten

Weihnachten ist ein Fest, das vor allem das Gemüt anspricht. An Weihnachten werden aber auch Verluste schmerzlich deutlich. Wenn ein Jugendlicher das Fest nicht mehr bei der Familie verbringt, weil er in eine der neuen religiösen Gruppierungen abgewandert ist, betrifft das die ganze Familie und trübt die Stimmung – bis hin zu Tränen und Verzweiflungsausbrüchen. Darum empfiehlt es sich, über folgende Dinge nachzudenken. Sie wurden einmal in einem Rundbrief der Münchner „Elterninitiative" formuliert und werden hier (leicht überarbeitet) wiedergegeben:

- Menschen gehen ihre eigenen Wege, die ihren Mitmenschen und ihrer engeren Familie oft unverständlich sind. Bewerten wir diese unverständlichen Wege nicht. An unserer Liebe und Zuneigung ändern sie nichts. Liebe ist ein Geschenk; wir schenken sie, auch wenn der Beschenkte damit vielleicht nicht umzugehen weiß.
  Wir können dankbar sein, daß wir Liebe schenken dürfen. Die Liebe aber, heißt es in 1. Korinther 13, „eifert nicht“ – sie schreibt nicht vor, wie sie aufgenommen werden „muß“. Bei den Scientologen heißt es zwar: „Erlaube nie, daß deine Zuneigung verunreinigt wird“; doch das ist keine Liebe in unserem Sinne. Liebe „nimmt auch in Kauf“.
  Schmerz und Kummer können, vor allem wenn wir sie zeigen, als Vorwurf verstanden werden.
- Es gibt noch Schlimmeres. Eltern, deren Kinder einfach verschwunden sind, hatten regelrecht „Hoffnung“, daß sie zu einer Sekte gegangen sein könnten. In einem Falle erfolgte eine spätere Totmeldung, in einem anderen führte die Ungewißheit bei der Mutter zu einer schweren psychischen Erkrankung.
- Schenken Sie Ihren Kindern etwas zu Weihnachten, wovon Sie wissen, daß sie sich früher darüber gefreut hätten.
  Auch wenn Sie vermuten, daß Ihr Kind das Geschenk vielleicht an die anderen Mitglieder der Gruppe weitergeben wird, sollte das Ihre Schenkfreude nicht trüben. Schicken Sie Geschenksendungen, aber per Einschreiben, und bewahren Sie die Einlieferungsscheine auf.
  Schicken Sie bitte kein Geld! Das dürfte in über 90 Prozent der Fälle einen unerwünschten Weg gehen.
  Selbstgebackenes eignet sich weitaus eher; auch Kleidungsstücke sind empfehlenswert. Vom Selbstgebackenen schikken Sie aber bitte so reichlich, daß der Beschenkte seinen Gruppenmitgliedern auch etwas davon abgeben kann. Er dokumentiert damit die Liebe, die er von zu Hause empfängt, und regt zum Nachdenken an.
- Wir sollten einen solchen „Urlaub“ nicht zur Gegenaktion

nutzen. Zum ersten, weil diese Gegenaktionen oft gefährlich sind, und zum anderen, weil wir uns damit ziemlich schnell der seltenen Möglichkeit des Wiedersehens berauben würden. Am besten ist es, so zu tun, als wolle man gar keine Auseinandersetzung mit der Gruppe. Familienliebe ist auf Dauer stärker als der Sektenterrorismus der „heiligen Meister" und ihrer Unterführer.
Und Ohnmacht und Hilflosigkeit sind oft das „stärkste Argument".

- Falls im Lauf des Jahres ein Elternteil verstorben ist, sollten wir beim Weihnachtsbesuch oder im Weihnachtsbrief über den Verstorbenen sprechen! Zwar ohne Vorwürfe („Du hast ihm das Herz gebrochen"), aber nicht, ohne auf seinen Willen hinzuweisen („Sie wollte nicht, daß du diesen Weg gehst").
- Feiern Sie Weihnachten – wenn Sie alleinstehend sind – nicht allein. Vielleicht versuchen Familien, die das gleiche Problem haben, andere Alleinstehende einzuladen, deren Kinder sich einer solchen Sekte zugewandt haben. Zum Gottesdienst der Gemeinde sind alle eingeladen.

Gegenbesuche

Eine besondere Schwierigkeit ergibt sich, wenn die Mitglieder der Jugendbewegungen, -religionen oder Sekten ihre Angehörigen zu einem Besuch bei ihrer Gemeinschaft einladen.

Soll man die Einladung annehmen und auf diese Weise wenigstens einen lockeren Kontakt wahren? So ist man mit seinem Kind wenigstens wieder einmal zusammen. Soll man sich die Sache nicht doch einmal ansehen? Man hat dann einen persönlichen Eindruck und kann vielleicht besser entscheiden und urteilen.

Oder soll man hart bleiben? Dann besteht vielleicht die Gefahr, daß der Betreffende auch nicht nach Hause zu Besuch kommt und sagt: „Ihr seid nicht zu mir gekommen, nun komme ich nicht zu euch."

Bei Scientology werden Angehörige manchmal zu Vorträgen oder zu einem Probeauditing eingeladen. Sie gelten als Missionsziele, weil Scientology ja der Ansicht ist, alle Menschen retten zu können.

Die Kinder Gottes und andere Gruppen sehen in den Eltern und Angehörigen eine Gelegenheit, etwas für die Gruppe zu erreichen. „Damit Gott eine Tür öffnet", wie es einer so schön formulierte. Oder wie der Gründer MO in einem seiner Briefe sagt:

> „Gott muß ein paar Systemiten dabei bleiben lassen, damit sie uns ihre Hosen geben und ihre letzte Mark, um uns zu füttern ... Seine Kinder müssen sich nicht mit so kleinen Dingen wie Lebensunterhaltverdienen abgeben."

So kann eine Einladung den Sinn haben, „um gutes Wetter zu bitten" und die Eltern freundlich und spendenwillig zu stimmen.

Andere Gruppen versuchen, die Eltern „einmal herzubekommen. Wer einmal hier war und hier nichts kritisiert, der hat auch später nicht das Recht, Kritik zu üben", wie es ein Angehöriger einer Jugendreligion einmal formuliert hat. Damit wäre aber auch schon eine Gefahr solcher Besuche angesprochen. Der Besucher ist Gast.

Höflicherweise wird er sich zurückhalten und seinen Gastgeber nicht durch Kritik bloßstellen. Später heißt es dann: Warum hast Du dort nicht offen Deine Kritik geäußert? Kritik im nachhinein wird dann als „hinterhältig" verteufelt. Am deutlichsten werden diese Schwierigkeiten wohl bei der Mun-Bewegung.

Ziel der Gruppe ist es, die Eltern möglichst zur vollen Zustimmung zu bringen. So hat die Vereinigungskirche eine „Elterngemeinschaft der Vereinigungskirche e. V." gegründet, bei der die Eltern Herrn Mun als Messias anerkennen sollen (ohne das manchmal überhaupt zu merken).

Ein Vater:

> „Ich hatte die Gelegenheit, auf diese Weise mit meiner Tochter Kontakt zu halten. Daß auf dem Bogen, den ich leichtfertiger-

weise unterschrieben habe, so ein hinterhältiger Satz steht, habe ich erst gemerkt, als Sie mich darauf angeschrieben haben."

Auf den Bögen der „Mun-Elterngemeinschaft" steht über der Unterschriftenzeile der vorgedruckte Satz:

> „Ich stimme mit den Grundlagen und Zielvorstellungen der Vereinigungskirche e. V. überein und möchte sie als Mitglied der Elterngemeinschaft unterstützen."

Was er da nun wirklich unterschrieben hat, merkt mancher dann mit Schrecken, wenn er sich diese „Grundlagen und Zielvorstellungen der Vereinigungskirche e. V." anzuschauen beginnt. Bei der Unterschrift dachte man vielleicht nur daran, den Sohn oder die Tochter „endlich einmal wiederzusehen".

Etwas harmloser scheint auf den ersten Blick die Einladung zu den „Elterntreffen" oder „Elternseminaren" der Vereinigungskirche zu sein. Da bekommt man eine Einladung mit Möglichkeit zu Übernachtungen und „Spaziergängen in die schöne Umgebung". Aber noch wichtiger und verführerischer ist der Satz:

> „Bitte vermerken Sie auf beiliegender Antwortkarte ausführlich Ihre Wünsche, und vergessen Sie nicht, den Namen Ihres Kindes anzugeben, damit es anwesend sein kann (wenn es sich in Deutschland befindet)."

Für manche war das die erste Begegnungsmöglichkeit nach langer Zeit. Das allgemeine Klima ist bei den Elterntreffen auf freundlich getrimmt. Der gruppeneigene Chor singt, ein bunter Abend mit Darbietungen (und gemeinsamem Singen und Schunkeln) versucht Familienatmosphäre zu schaffen. Über der glücklichen und doch leidvollen Spannung, in der Nähe des „verlorenen Kindes" zu sein, wird der kindische Charakter der ganzen Sache leicht übersehen.

Eine wichtige Funktion haben dabei die Eltern, die treu zu Mun stehen. Es sind nicht viele. Ein Vater berichtete stolz, er habe seinen Sohn erst zu Mun gebracht. Der Leiter der Elternbewegung, ein älterer Herr, hat keine Kinder bei der Bewegung. Trotzdem unterschrieb er einen offenen Brief mit, der mit dem Satz beginnt:

> „Als Kreis von Eltern, deren Söhne und Töchter aktive Mitarbeiter der Vereinigungskirche sind, erschüttert uns zunehmend, mit welch bösartigen Verleumdungen die Vereinigungskirche in Deutschland verfolgt wird."

Diese Eltern, die Mun unterstützen, treten dann wiederum als Elternwerber auf. Motto: „Man kann als Mutter (Vater) ja so glücklich sein, daß der Sohn (die Tochter) in der Vereinigungskirche mitarbeitet."

Oder wie eine Mutter es formulierte:

> „Ich finde, daß es für unsere Jugend sehr gut ist, wenn sie sich in einer Organisation zusammenfindet, die sie von Alkohol, Drogen und freiem Sex – den großen Feinden der heutigen Menschheit – fernhält ..."

Selbstverständlich wird niemand einem solchen pauschalen Gerede widersprechen. Und das Nicht-Widersprechen wird im Laufe der Tagung dann immer mehr in Zustimmung umgemünzt.

Manchmal können es ganz eigenwillige Überlegungen sein, die die Eltern zur Zustimmung bewegen. Vielleicht wie bei Frau E. H. aus München, die der Vereinigungskirche am 5.3.76 für eine Veröffentlichung einen Brief zur Verfügung stellt, in dem sie ihre Zustimmung zur Mun-Bewegung begründet:

> „Ja, mein Junge veränderte sich, aber zum Guten hin. Sein langes Haar und der Bart verschwanden, und schlechte Gewohnheiten legte er ab. Durch diese Veränderung beeindruckt, fing auch ich an, die Prinzipien zu studieren."

Hat man nun die Gastfreundschaft der Vereinigungskirche einige Stunden oder Tage genossen, geht vielleicht beim Schlußessen ein vorbereiteter und in Kunstschrift geschriebener Text herum, wie der anläßlich des „1. Elternseminars" in Camberg:

„Proklamation

Wir Teilnehmer des 1. Elternseminars der Vereinigungskirche Deutschland vom 15.3. bis zum 20.3.1976 in Camberg, Neumühle, sind von der Lehre des Rev. San Myung Mun, den Göttlichen Prinzipien, zutiefst beeindruckt und stimmen den Zielvorstellungen der von ihm gegründeten internationalen Vereinigungskirche voll und ganz zu.
Seine Ideen zur Verwirklichung einer Weltfamilie mit Gott im Zentrum halten wir für den einzig gangbaren Weg, um Gerechtigkeit, Harmonie und Frieden in der ganzen Welt herbeizuführen.
In großer Dankbarkeit geben wir Zeugnis ab von der herzlichen Atmosphäre und der liebevollen Fürsorge, die uns entgegengebracht wurde."

Vielleicht haben nicht alle Teilnehmer des Seminars unterschrieben. Aber das Abschlußfoto wurde in der VK-Zeitschrift „Neue Hoffnung" mit der Unterschrift „Wir sind glücklich über die Wahrheit, die wir hier erfahren haben" veröffentlicht. Es dürfte in der Tat schwierig sein, einem Gastgeber ein Wort des Dankes zu versagen.

Noch schwieriger wird es sein, nach einer solchen Höflichkeitsbezeigung, die vom eigenen Kind als Zustimmung aufgefaßt werden muß, später Kritik an der Gruppe zu üben. Leicht wird der Kritiker dann als „Verräter" gebrandmarkt. Wer A sagt, muß oft auch B sagen.

Darum sind solche Besuche auf Einladungen hin kein empfehlenswerter Weg, wenn man der Gruppe nicht zustimmen will.

Wer sich den Betrieb ansehen möchte, soll einfach einmal hinfahren. Nimmt man dann allerdings die Einladung zum Essen an, hat man – wenn auch in kleinerem Maßstab – dem Gastgeber ebenfalls dankbar zu sein.

Schon seit langer Zeit versteht die Menschheit gemeinsames Essen und Trinken als Zeichen der Gemeinschaft. Sprichwörter wie „Wes Brot ich eß, des Lied ich sing" haben auch bei Minimalanlässen ihre Bedeutung.

Anders verlief der Besuch eines Vaters, dessen Tochter jahrelang in der Vereinigungskirche gewesen war und die dann nervlich schwer erkrankte: „Ich bin einfach nach Camberg gefahren und dort mitten in so eine Lehrstunde reingeplatzt und hab' den Leuten einfach gesagt, was mit meiner Tochter passiert ist. Da war große Aufregung."

Es ist wichtig, sich zu überlegen, daß auch ein „nettes Wochenende" die wirkliche Einstellung der Mun-Bewegung und ihrer Anhänger (einschließlich des Sohnes oder der Tochter oder des Partners, der sich der Bewegung zugewandt hat) nicht ändern wird. Die Eltern gelten weiterhin als Satan zugehörige Missionsobjekte.

Sollte der Besuch bei den Kindern (oder dem Partner) zuviel alte Liebe geweckt haben, wird die Bewegung diese in der folgenden Zeit ganz sicher und gründlich wieder auslöschen.

Inzwischen hat die Vereinigungskirche die „Elterngemeinschaft der Vereinigungskirche" zu einer festen Gruppe (Verein) gemacht, der als Teilstück der Mun-Bewegung angesehen werden muß. Manche Eltern sind auf dieser Weise vereinnahmt worden, ohne daß sie vorhatten, Mun-Anhänger zu werden. Ihr einziges Ziel: Kontakt mit den Kindern zu halten, die sie aufgezogen hatten und die jetzt den „wahren Eltern" (Herrn und Frau Mun) anhängen.

Teilnahme an Festen der Gruppe

Immer häufiger kommt es vor, daß Angehörige zu irgendwelchen Festen eingeladen werden, die die Gruppen feiern oder ausrichten. Damit will man sich erstens in einem guten Licht darstellen, zweitens der Kritik den Wind aus den Segeln nehmen und drittens die Eingeladenen „einkaufen" oder zur Zustimmung übertölpeln.

Was will man sagen, wenn es hinterher heißt: „Aber Du hast doch selbst gesehen, wie nett und harmlos es bei uns zugeht."

Manchmal werden auch Personen mit öffentlichem Einfluß (Journalisten, Politiker, Pfarrer) aus diesen Gründen zu Festen eingeladen. Die Teilnahme ist in jedem Fall problematisch und nicht zu empfehlen.

Wenn die Jugendsekte AAO (Aktionsanalytische Organisation) sich mit einem Schreiben brüstet, in dem der Landeshauptmann des Burgenlandes für die freundliche Aufnahme in der Sektenzentrale dankt, und dieses Schreiben unaufgefordert an Politiker oder Journalisten sendet, zeigt sich der Zweck solcher Einladungen deutlich.

Im Zweifelsfalle sollte man sich daher lieber gegen einen solchen Besuch entscheiden. Nun versuchen einige Gruppen, zum Beispiel die Mun-Bewegung, das gleiche Ergebnis durch sehr persönliche Feste wie Verlobungen und Hochzeit zu erreichen. Zu böser Letzt werden dann auch standesamtliche Trauungen („Aber das hat doch gar nichts mit Mun und der Vereinigungskirche zu tun") benützt, um die Angehörigen zu einem solchen Kontakt-Schritt zu bewegen.

Sicher müssen hier vor allem Eltern nach ihrem Gefühl und in ganz persönlicher Verantwortung entscheiden.

Ein Vater, Landwirt und in der Elternarbeit sehr engagiert, meinte jedoch:

> „Das ist eine Sache der Sekte. Es ist ja nicht die freie Entscheidung unserer Tochter, zu heiraten. Die jungen Leute können jederzeit zu uns kommen, uns besuchen und bei uns leben. Aber wir lassen uns doch nicht vor den Karren der Mun-Sekte spannen. Man verlangt von den Eltern, daß sie gute Miene zum bösen Spiel des Herrn Mun machen. Wir machen da nicht mit. Auf keinen Fall."

Dem ist voll zuzustimmen. Der Versuch der Gruppen, mittels der Liebe zu den Kindern auch noch die Eltern zu ködern und einzubinden, sollte erfolglos bleiben.

Geld

Geld ist ein Zeichen der Macht. Wer Geld hat, kann seine Ideen verwirklichen. Aus diesem Grunde wird bei den Jugendreligionen, -bewegungen und -sekten Geld immer eine wichtige Rolle spielen.

„Gott braucht Geld, um seine Ziele zu verwirklichen", ist die einfache Antwort eines jungen Missionars, als er auf die Finanzen seines Religionsgründers angesprochen wird.

Geld wird als Bestätigung der eigenen Sache verstanden. „Als ich am Abend meine Tageseinnahmen sah, konnte ich fester glauben. Erst hatte ich gemeint, gar nichts ginge", sagt ein Krsna-Anhänger, für den die hohen Sammlungsbeträge regelrecht zum Gottesbeweis werden. „Die Folgen, Geld von der Bewegung zurückzuhalten, sind die schweren Strafgerichte Gottes – in diesem Falle Tod", behaupten die Kinder Gottes mit falscher „biblischer Begründung".

In einem Geheimbrief weist der Führer die Kinder Gottes an, Neumitglieder zu überzeugen, „nach Hause zu gehen und all sein Zeug und sein Bankkonto und sein Geld und alles zu holen und es dann an Ort und Stelle zu übergeben".

Manchmal weisen die Gruppen darauf hin, was Jesus Christus dem reichen Jüngling empfahl: „allem abzusagen und ihm nachzufolgen". Ja, aber erstens war das nicht als Pauschalratschlag für jedermann gedacht, und zweitens hat er nicht gesagt: „Und gib es meinem Kassenverwalter." Der biblische Ratschlag zur Armut für Nachfolger Jesu bedeutet, daß diese ihren Besitz hinter sich lassen, nicht daß sie ihn mitbringen sollen.

Die Gruppen benötigen jedoch finanzielle Mittel, um ihre Ziele durchzusetzen und zu verwirklichen. Darum wird den Mitgliedern entweder durch die Aufforderung zur Übergabe oder durch teure Kurse und Trainings der Besitz abgenommen. Von Scientology ist bekannt geworden, daß selbst Darlehensprogramme entwickelt werden und daß Kurse und Auditings lange vor der Durchführungsmöglichkeit bezahlt werden sollen.

Wenn die Führer der Jugendreligionen oft die Verfügungsgewalt über immense Beträge haben, wird das in den Gruppen nicht als Bereicherung, sondern teils als Notwendigkeit, teils als Beweis für die Richtigkeit der Gruppenbotschaft gedeutet.

In Scientologygruppen gab es beispielsweise die Anweisung:

> „Von den Bruttoeinnahmen sind zehn Prozent Lizenzen an L. Ron Hubbard abzuführen."
> Im April 1973 wurde der Satz geändert in:
> „Zehn Prozent der Bruttoeinnahmen müssen als Verwaltungsausgaben an die Mutterkirche abgegeben werden."

Geld ist Macht. Das gilt bei den Jugendreligionen und ähnlichen Gruppen mit brutaler Deutlichkeit. Keiner dieser Gruppen ist durch ein uneigennütziges Programm wie etwa „Misereor" oder „Brot für die Welt" bekannt geworden. Wenn „soziale Programme" durchgeführt werden, dann haben sie entweder Werbewert und werden kaum mit übermäßigem Einsatz von Finanzmitteln und Kraft durchgeführt, oder sie müssen bezahlt werden. Bei dem angeblich „sozialen Narconon-Programm" der Scientologen zur angeblichen Drogenrehabilitierung werden auch öffentliche Mittel in Anspruch genommen (in Berlin wurden mit Hilfe geneigter Beamter erhebliche Mittel aus öffentlicher Hand zur Verfügung gestellt). Wenn möglich versuchen die Gruppen, von Angehörigen der Mitglieder finanzielle Zuwendungen zu erhalten.

> „Mein Sohn bat mich um einen erheblichen Kredit, um einen wichtigen Kurs bei der Scientologen-Organisation machen zu können."

Der Vater lehnte ab, und der familiäre Kontakt ließ deutlich nach.

Junge Leute, die vorzeitig ihr Erbe ausbezahlt haben wollen, und das Drängen: „Schick mir bitte 100 Mark" gehören durchaus zum Szenenbild der Gruppen. Finanzielle Zuwendungen werden immer der Gruppe zufließen. Daher ist es nicht ratsam, Geldbeträge zu geben. Der Versuch, sich mit Geldgeschenken (oder

Wertsachen) einen Kontakt zu erkaufen, wird nur neue Forderungen nach sich ziehen. Man setzt sich mit finanziellen Zuwendungen selbst einer Art von Erpressung aus.

Warum sollte jemand, der einmal von seinen Eltern für seine neue Gruppe Geld bekommen hat, diesen Erfolgsweg aufgeben? Ebenfalls nicht ratsam ist es, den Besitz der Gruppenführer als Gegenargument ins Feld zu führen. Erstens versuchen die Mitglieder dann auf den „Reichtum der Kirche" zu verweisen (über den aber niemals eine Person verfügen kann und der weitgehend zweckgebunden ist), und zum anderen kann ein gläubiges Gruppenmitglied so antworten wie ein Mathematik-Student auf dem Guru-Puja der „Divine Light Mission" (auch: „Divine United Organisations") in Essen 1975:

> „Wer in der Welt wäre denn sonst würdig, allen Luxus zu haben, wenn nicht der, der allein fähig ist, der Welt den Frieden zu bringen."

„Der" ist in diesem Fall der jugendliche Inder Guru Maharaj Ji. Es könnte aber auch ein anderer „heiliger Meister" sein. Etwa Mun oder David Berg oder Osho oder L. Ron Hubbard oder Maharishi Mahesh Yogi oder sonst ein Weltrettungsspezialist.

Man kann aber versuchen, etwas vom Besitz des Kindes, das zu einer Jugendreligion übergetreten ist, für später zu erhalten. Häufig sind die Kosten der „Zeit danach" erheblich. Eine gute Therapie ist nicht billig. Eine neue Berufsausbildung, eine neue Wohnung usw. kosten auch ein gutes Stück Geld.

Es empfiehlt sich, möglichst gleich in der Anfangszeit mit dem Betroffenen einen notariellen Vertrag abzuschließen. Nämlich dann, wenn derjenige noch nicht zu glauben vermag, daß es die Gruppe auch auf seinen persönlichen Besitz abgesehen hat. Meist ist es dazu jedoch schon zu spät, wenn die Angehörigen feststellen, daß der Sohn, die Tochter oder der Partner sich einer der Gruppen verschrieben hat. Gut wäre es, wenn das örtliche Jugendamt oder das Pfarramt einen informierten Rechtsberater empfehlen könnte. Der von manchen Eltern erwogene Gedanke, sich lieber ausnützen zu lassen, um so „wenigsten noch etwas Verbindung zu unserem Kind“ zu haben, ist verständlich. Er ist aber für die weitere Entwicklung nicht gut. Die seelischen Leiden in einem solchen Verhältnis überwiegen die einer vorläufigen Trennung bei weitem. Es ist hinterher auch nicht immer leicht, aus der ständigen Rolle der Geberschaft wieder zu einem guten Verhältnis zu kommen. Für manche Gruppen ist ein „Bringer“ auch besonders interessant, so daß sie gerade in einem solchen Falle am wenigsten lockerlassen.

Wenn jemand aus einer der Gruppen ausgetreten ist und beim Eintritt dort seinen ganzen Besitz abgegeben hat, ist es ratsam, eine kurze Bilanz zu ziehen und eventuell mit Hilfe eines rechtlichen Beraters das Eigentum zurückzufordern. Auch geleistete Zahlungen können in vielen Fällen zurückverlangt werden.

Geld für eine Fahrkarte nach Hause?

Bittet ein Mitglied der Gruppen um eine Fahrkarte nach Hause, so kann man ihm selbstverständlich diesen Dienst erweisen. Auf jeden Fall sollte diese Fahrkarte durch den Stempel „gestundet“ oder durch eine Abmachung mit dem Reisebüro oder den zuständigen Stellen unverkäuflich gemacht werden.

Bargeld zu senden kann zu argen Enttäuschungen führen. Nicht selten kommt das „Geld für eine Rückfahrkarte“ dann der Gruppe zugute. Für jeden Ort der Welt kann man Fahrkarten in Deutschland oder einem anderen Land besorgen und per Einschreiben oder auf andere Weise übermitteln.

Eine weitere Möglichkeit bei Auslandsangelegenheiten ist eine Rücksprache mit Behörden (Auswärtiges Amt), die zum Einsatz eines deutschen Konsuls oder Botschafters führen kann. Die Botschaft und das Konsulat sollten dann eine Rückerstattungserklärung erhalten, so daß sie dort eine Fahrkarte besorgen können. Der Botschafts- oder Konsulatsbeauftragte wird den Hilfesuchenden auch zum Flugzeug oder Schiff begleiten, so daß er sich von der Abreise überzeugen kann.

Ist die Angelegenheit nicht so dringend und wird die Geldsendung (beziehungsweise Fahrkarte) an die offizielle Gruppenadresse erbeten, sollte man sich zuerst einmal vergewissern, welchen Sinn die Reise hat. Ein Urlaub in Deutschland auf Kosten der Angehörigen könnte auch den Zwecken der Gruppe dienen.

Sollte der Betreffende gar nicht zu Hause erscheinen, sondern sich direkt zu der Gruppe begeben, sollte man dies sofort der Öffentlichkeit mitteilen. Beratung erhält man in solchen Fällen von Sachkundigen und von den Elterninitiativen.

Geschenke

Seit Urzeiten drücken Menschen ihre Zuneigung zueinander durch Geschenke aus. Das wird sich auch dann nicht ändern, wenn ein Mensch, dem wir Zuneigung entgegenbringen, in einer schwierigen Lage ist.

Auch wenn sich jemand von seinen Freunden oder Angehörigen abgewendet und einer der Jugendreligionen, Seelenveränderungsbewegungen oder Sekten angeschlossen hat, ändert das an der Zuneigung derer, die ihn wirklich mögen, nichts.

Allerdings ist dann eine neue Lage eingetreten, die berücksichtigt werden sollte. Wirkliche Zuneigung oder Liebe wird sich durch eine schwierige Lage nicht entmutigen lassen, sondern jetzt besondere Anstrengungen entfalten, dem anderen zu helfen.

Die Lage, in der sich der andere befindet, muß dabei mit berücksichtigt werden. Auch hinsichtlich der Geschenke.

Bei Mitgliedern von Jugendreligionen oder ähnlichen Bewegungen muß man davon ausgehen, daß alle wertvollen Geschenke, alle Geldzuwendungen und technischen oder sonstwie nützlichen Gegenstände von der Gruppe oder von den Leitern vereinnahmt beziehungsweise „in den Dienst der Sache gestellt" werden. Von solchen Geschenken ist daher dringend abzuraten. Es sei denn, man beabsichtigt eine solche Unterstützung der Gruppe. Das gilt für den Alltag ebenso wie für Feste wie Geburtstag und Weihnachten. Auch für Geschenke, die unter normalen

Umständen „einmal der größte Wunsch" des Beschenkten gewesen wären, gilt dieser Ratschlag. Ob Kassettenrecorder oder Schallplatten, Bücher oder Schmuck – sie (oder ihr Erlös) werden in den meisten Fällen zum Gruppeneigentum werden.

Persönliche Geschenke werden hauptsächlich Selbstgebackenes (ein kleiner Kuchen oder Plätzchen), ein selbst hergestelltes Kleidungsstück oder (wenn der Postweg nicht zu lange dauert) im Sommer etwas Obst aus dem Garten oder ein paar freundliche Kleinigkeiten sein. Möglichst solche mit einem besonderen Erinnerungswert (ein Fotoalbum beispielsweise, in dem auf jeden Fall schon einige Bilder enthalten sein sollten).

Geschenke sollte man immer als Paket senden. Wegen des Postbelegs. Wenn der zu Beschenkende einen größeren Gegenstand erbittet (beispielsweise einen neuen Wintermantel) und man ihm diesen zukommen lassen will, dann sollte man das erbetene Geschenk nicht schicken, sondern ihm zur Abholung anbieten. „Du kannst zu mir kommen, dann gehen wir gemeinsam den Mantel kaufen." Mehrere Mäntel oder über den persönlichen Bedarf hinausgehende Geschenke empfehlen sich jedoch auch auf diesem Wege nicht.

Gewarnt werden muß vor Geldbesorgungsversuchen wie „Ich kaufe mir den Mantel hier, und Du schickst mir das Geld". Selbst wenn ein Mantel gekauft worden sein sollte, kann der mögliche Bezahler nie sicher sein, ob er auch wirklich für die betreffende Person oder für ein anderes Gruppenmitglied gekauft wurde.

Für eine neue Brille sollte eigentlich die Gruppe aufkommen. Will man diese Anschaffung übernehmen, dann nur in persönlicher Gegenwart des Empfängers.

Selbst wenn der Geschenkempfänger sehr weit weg ist, weil ihn die Gruppe in ein fernes Land verbracht hat, sollte man sich genau überlegen, ob man nicht nach diesen Ratschlägen verfährt.

Sehr leicht können Eltern und Angehörige, die nach dem Prinzip „So erhalte ich doch wenigstens den Kontakt aufrecht, wenn ich viel für ihn oder sie tue und auch mal Geld schicke" handeln, zu regelrechten „Ausgabebüros" werden, wie ein Vater es einmal ausdrückte.

Erbschaftsfragen

Ein besonderes schwieriges Problem sind Erbansprüche. Man wird davon ausgehen müssen, daß Mitglieder von Jugendreligionen ererbtes Kapital oder sonstiges Vermögen ihrer Gruppe zukommen lassen oder zum Zwecke einer angeblichen Ausbildung in der Gruppe veräußern. In einem solchen Falle sollte man sich sofort die Hilfe eines fähigen Anwalts sichern. Adressen können sicher von Sachkundigen und Mitgliedern der „Elterninitiative ... e. V." genannt werden.

Wo die Gefahr besteht, daß eine Gemeinschaft sich des Erbteils ihrer Mitglieder bemächtigen will oder kann, ohne daß die potentiellen Erblasser dieses wünschen, kann ein Erbverzichtsvertrag oder Pflichtteilverzichtsvertrag mit dem potentiellen Erben abgeschlossen werden.

Häufig sind ja die Neubekehrten der Ansicht, daß diese neue Gruppe (der sie gerade beigetreten sind) keinesfalls auf den Besitz oder spätere Besitzansprüche ihrer Mitglieder aus sind. Im folgenden stelle ich Ihnen den Text eines Pflichtteilverzichtsvertrages vor, der vor dem Notar abgeschlossen werden muß.

Dieser Vertrag sollte aber keinesfalls zur Minderung der Rechte des Verzichters und zur Begünstigung anderer, sondern ausschließlich zur Sicherstellung der Rechte des Verzichters abgeschlossen werden. Daher wäre gleichzeitig mit den anderen potentiellen Erbnehmern oder durch einen Testamentsvertrag sicherzustellen, daß der Verzichter nach dem glaubhaften Verlassen der Gruppierung (der man ja das Erbe nicht zukommen lassen will) sukzessive – also nicht auf einen Schlag – wieder in seine vollen Erbrechte eingesetzt wird.

Die sukzessive Einsetzung in die vollen Rechte soll einen Scheinaustritt (zum Zwecke des Rückgewinns im Interesse der Gruppierung) ausschließen. Am besten jedoch wäre es, wenn der Verzichter nichts von den anderen Abmachungen zu seiner Sicherung weiß, so daß weder er noch seine Gruppierung darauf spekulieren können.

Pflichtteilsverzichtsvertrag

„Heute, den ... erschienen vor mir,
Notar mit dem Amtssitz in ...

1) Herr und Frau ... Name, Beruf, Geburtsdatum, Wohnung
2) deren Sohn/Tochter ... Name, Beruf, Geburtsdatum, Wohnung

Auf Ansuchen der Erschienenen habe ich ihren bei gleichzeitiger Anwesenheit mündlich vor mir abgegebenen Erklärungen gemäß folgendes beurkundet:

I.

Ich, ..., verzichte hiermit gegenüber meinen Eltern für mich und meine Abkömmlinge auf das mir am Nachlaß meiner Eltern ... und ... zustehende gesetzliche Pflichtteilsrecht.

Dabei spielt es keine Rolle, wer und auf Grund welcher Verfügung von Todes wegen Erbe meines Vaters beziehungsweise meiner Mutter werden wird.

Wir, ... und ... nehmen hiermit den vorstehenden Verzicht unseres Sohnes/unserer Tochter ... an.

Wir, ... und ... tragen die Kosten dieser Urkunde und ersuchen, jedem Vertragsteil eine Ausfertigung zu erteilen.

Für das Zentralfinanzamt ..., Abteilung für Erbschafts- und Schenkungssteuer ist eine einfache Abschrift zu fertigen.“

Ich möchte noch einmal darauf hinweisen, daß dieser Vertrag nicht zur Bereicherung anderer Erben dienen sollte, sondern den Verzichtenden nur davor schützen soll, nach dem Austritt aus seiner Gruppierung mittellos dazustehen.

Wenn keine weiteren Erben vorhanden sind, können als spätere Begünstigte eventuell soziale oder andere religiöse Organisationen als Testamentsnehmer eingesetzt werden. Man sollte aber eine dritte, unabhängige Person als Vollstrecker einsetzen.

Diesen Vertrag kann man auch jenen anbieten, die schon seit einiger Zeit in einer solchen Gruppierung Mitglied sind. Es könnte ja sein, daß der Betreffende dann bei seiner Gruppe Rat sucht und, wenn diese ihm abrät, merkt, daß die Gruppe auf sein Erbe aus ist.

In einigen Fällen (das trifft besonders auf die „Vereinigungskirche“ zu) haben die jungen Leute jedoch schon klipp und klar erklärt, daß ihr Erbe einmal der Sekte zufließen solle. Ist dies der Fall, kann man mit dem Betreffenden trotzdem einen Pflichtteilsverzichtsvertrag abschließen, da diese Übertragungen von Erbansprüchen im deutschen Rechtsbereich meines Wissens unwirksam und nichtig („wider die guten Sitten“) sind.

Diese Verträge müssen jedoch alle vor einem Notar abgeschlossen werden, da sie sonst nicht mehr als eine unverbindliche Willenserklärung bedeuten, die jederzeit widerrufbar ist.

Zur Frage der Unterhaltspflicht

Bis zur Volljährigkeit und darüber hinaus bis zum Abschluß der Ausbildung sind Eltern verpflichtet, für den Unterhalt ihrer Kinder (und notfalls auch einmal für deren Kinder) aufzukommen.

Zur Frage der Unterhaltspflicht haben in den letzten Jahren einige Urteile von Gerichten erhebliche Beunruhigung und Unsicherheit unter Eltern verbreitet, die manchmal zu Äußerungen wie der einer betroffenen Mutter führten: „Mein Mann kann sich halbtot schaffen, und unser Sohn lacht ihn frech an und meint nur: Zahlen kannst du sowieso ...“ Inzwischen scheint der Bundesgerichtshof durch Urteile etwas mehr Klarheit in die unübersichtliche und zum Teil rechtlich einseitige Lage bringen zu wollen. In einem Urteil unter dem Aktenzeichen IVb ZR 354/81 hat der BGH Anfang 1983 erklärt, Eltern bräuchten den Wunsch, ihr in Ausbildung befindliches Kind im eigenen Hause wohnen zu lassen, nicht formell zu erklären. In einer früheren Entscheidung hatte der BGH schon deutlich gemacht, daß Eltern über die Art, wie sie ihren Kindern den Unterhalt gewähren wollten, frei entscheiden könnten. Es sei darum auch einem volljährigen Jugendlichen zumutbar, während des Studiums bei den Eltern zu wohnen, wobei selbst Fahrzeiten bis zu vier Stunden in Kauf genommen werden müßten. Wenn das Kind diese Form des Unterhalts ablehne, verwirke es den gesamten Versorgungsanspruch.

Für den Bereich der Jugendreligionen und ähnlichen Bewegungen ist dies insofern von Interesse, als schon mehrfach Jugendliche den Einzug in die Gruppe damit zu begründen versuchten, sie wären damit „näher und bequemer an ihrer Ausbildungsstätte", und außerdem seien sie „sowieso volljährig und könnten ihren eigenen Aufenthalt bestimmen".

Krankheitsfälle

Für den Fall, daß der oder die in die Gruppe Eingetretene krank ist, gelten andere Verhaltensregeln als für Gesunde. Werden beispielsweise regelmäßig Medikamente eingenommen oder liegt eine Krankheit vor, die eine ständige Begleitung durch den Arzt notwendig macht, dann ist der umgehende Kontakt mit einem Rechtsanwalt notwendig.

Medikamente in die Gruppe zu schicken oder einen Brief zu schreiben mit dem Inhalt: „Bitte achten Sie darauf, daß ... auch immer seine Medikamente nimmt", ist unverantwortlich. Es kann sein, daß ein beruhigender Antwortbrief kommt, jedoch die Ratschläge nicht beherzigt werden. Manche der Gruppen glauben sich über Krankheiten erhaben; Scientology beispielsweise macht zur Auflage, daß man vor dem „Auditing" einen Funktionär der Gruppe fragen muß, welche Medikamente man einnehmen darf. Daß dieser eine ärztliche Ausbildung hat, ist äußerst unwahrscheinlich. Außerdem haben Scientologen und Dianetiker für manche Krankheiten eigene „Handhabungs"-Richtlinien.

Besser ist es, die Gruppe mit Hilfe eines fähigen und sachkundigen Anwaltes umgehend aufzufordern, den Betreffenden nach Hause zu schicken.

Für den Weigerungsfall kann der Gruppe dann deutlich gemacht werden, daß sie die Folgen zu tragen hat.

An dieser Stelle ist auf das schwierige Problem hinzuweisen, daß manche Gruppen den Versicherungsschutz unterbrechen (nicht weiterzahlen), wenn die Anhänger in ein anderes Land verschickt werden. In einem solchen Falle sind nach neuerer Sozialgesetzgebung die Eltern (auch wenn sie hinsichtlich der Hinwendung zu der Gruppe kein Mitspracherecht haben, da ihr Kind volljährig ist) voll und ganz haftbar. Sie müssen, unter Umständen auch zuungunsten anderer Kinder, für die durch keine Versicherung abgedeckten Kosten aufkommen.

Auf diese Probleme sollten die Öffentlichkeit und die Parlamentarier immer wieder hingewiesen und angesprochen werden. In besonders schwierigen Fällen, wo die Gruppe auf Mahnungen nicht reagiert, wird eine vorübergehende Entmündigung sich nicht umgehen lassen. Wo Gefahr für Leib und Leben eines Menschen besteht, ist dieses gesetzliche Instrument einzusetzen. Es ist die einzige Lage, in der man davon Gebrauch machen sollte.

Regreßansprüche gegen die Gruppen müßten zivilrechtlich geklärt werden. Zitat aus einem anwaltlichen Schreiben in einer Krankheitsangelegenheit:

„Unabhängig davon, daß unsere Mandanten wie bisher selbstverständlich nur in eine Behandlung durch die bisherigen Ärzte einwilligen und für diese aufkommen, ist es unbedingt erforderlich, daß Sie die Verantwortlichen Ihrer hiesigen Stelle (Anmerkung: Die Betreffende war nicht am Zentralort der Gruppe, sondern in einer auswärtigen Zweigniederlassung untergebracht) auf diesen Sachverhalt hinweisen und dafür Sorge tragen, daß N.N. der ihrem Gesundheitszustand erforderlichen Umgebung zugeführt wird. Insbesondere muß der bereits seit längerem geplante Sanatoriumsaufenthalt unbedingt durchgeführt werden, um eine Stabilisierung im Krankheitsbild herbeizuführen.

Unsere Mandanten sind fest entschlossen, im Falle auch nur der geringsten Außerachtlassung der für die Gesundheit ihrer Tochter erforderlichen Maßnahmen Strafanzeige zu erstatten. Es soll in diesem Zusammenhang gar nicht auf die Frage eingegangen werden, inwieweit Ihre Organisation auf Interessenten Druck ausübt, sondern wir weisen Sie nur auf Ihre allgemeine Fürsorge- und Hilfspflicht hin.

Wir konnten unsere Mandanten zunächst noch davon abhalten, die gesamten Unterlagen über die Krankheit ihrer Tochter und über Ihre Organisation den Massenmedien zu übergeben. Wir sind davon ausgegangen, daß in diesem besonders gelagerten Fall eine Konfrontation im Interesse der schwer erkrankten Tochter vermieden werden sollte."

Es ist in der Tat besonders wichtig, wenn möglich an einer solchen Konfrontation vorbeizukommen. Wenn auch die Öffentlichkeit ein großes Interesse am Bekanntwerden solcher Vorfälle haben muß, so überwiegt jedoch zu Recht die Rücksicht auf die Person, um die es hier geht.

Begegnungen und Kontaktszenen

Auf eine Form der möglichen Begegnungen bin ich schon in den Abschnitten „Besuche" und „Gegenbesuche" eingegangen. Es gibt aber noch andere, nicht minder spannungsgefährdete Begegnungs- und Kontaktmöglichkeiten.

Da ist zuerst der einfache Straßenkontakt. Man begegnet den Werbern der Gruppe in einer Stadt und weiß, daß sie versuchen werden, andere junge Menschen in die Gruppe zu ziehen, was für diese die gleiche Abhängigkeit zur Folge hätte, wie sie vielleicht schon eigene Angehörige erfahren mußten. Nun kann man unterschiedlich reagieren. Nicht empfehlenswert ist es, den Straßenwerber mit Worten oder gar mit Taten anzugreifen. Er handelt ja nach seinem Glauben. Wenn wir Zeit und Lust haben, können wir ihn zu einer Tasse Tee oder einem Glas Limonade in das nächstgelegene Café einladen (was er allerdings meist abschlagen wird). Da viele Gruppen Kaffee und Alkohol ablehnen, sollte man bei einer Einladung darauf Rücksicht nehmen. Wenn es zu einem Gespräch kommen sollte, könnte man nach den eigenen Angehörigen fragen, und man könnte, in Fragen verkleidet, auch einige Kritik anbringen. Wenn eine regelrechte Missionsaktion im Gange ist, kann man das kirchliche oder kommunale Jugendamt anrufen und darauf hinweisen.

Eine sehr aufschlußreiche Form der kritischen Begleitung solcher Missionsaktionen wäre es, wenn junge Leute den jeweils durch den Sektenwerber Angesprochenen ein kleines informierendes Flugblatt in die Hand drücken und dabei sagen würden: „Dieses Blatt informiert Sie über die Gruppe, von der Sie eben angesprochen werden."

Bei einer Werbungsaktion in München versuchten dann die Mun-Werber in vielen Fällen das Blatt an sich zu reißen, was keinen guten Eindruck machte. Würde der Werber jedoch die kritischen Fragen des Flugblattes mit dem Angesprochenen diskutieren, müßte er sie auch selbst zur Kenntnis nehmen. Eine solche Kenntnisnahme aber kann auch ihn zum Nachdenken führen.

Wenn ein größerer Kreis in eine Diskussion mit dem Sektenwerber verwickelt ist, kann man – sofern man Kenntnisse über diese Gruppe hat – den Werber in eine kritische Diskussion verwickeln, um so einen Aufklärungseffekt gegenüber den Zuhörern zu erzielen. Dabei darf man auch seine eigenen Erfahrungen mit der Gruppe bezeugen. Man muß aber sehr darauf achten, daß man selber höflich und korrekt bleibt und nicht durch Aggressivität die Zuhörer auf die Seite des Sektenmissionars bringt. Wäre das der Fall, würden die besten Argumente in der Luft verpuffen. Der Sektenwerber könnte dann als Märtyrer angesehen werden (und sich auch noch so fühlen).

Aus einigen Städten ist berichtet worden, daß die Werber der „Familie der Liebe" sogar dreizehn- und elfjährigen Kindern ihre Flugschriften gegeben haben. In einigen Fällen sogar dann, wenn diese mit ihren Eltern unterwegs waren. In diesen Fällen empfiehlt es sich, die nächste Polizeistreife nach der Rechtmäßigkeit des Vorgangs zu fragen, zumal beim Zettelverteilen oft auch unerlaubt gesammelt wird. Bringen die Kinder ein solches Flugblatt mit heim oder haben sie es in Gegenwart der Eltern erhalten, muß man mit ihnen zu Hause die Situation ruhig und offen durchsprechen.

Man wird bei einem solchen Gespräch hervorheben, daß das Flugblatt die „schön aussehende“ Werbeseite der Gruppe ist. Dann wird man etwas über die Realität der Gruppen sagen oder durch Informationsschriften zeigen müssen. Für einen solchen Fall eignet sich am ehesten die Schrift „Verführte Sehnsucht“ aus dem Evangelischen Presseverband München. Auch der Rat „Sag’ das doch mal in der Religionsstunde deinem Lehrer“ (beziehungsweise dem Geistlichen im Konfirmanden-, Firm- oder Religionsunterricht) kann gegeben werden.

Nimmt man Kindern die Schriften kommentarlos weg, könnte das erst recht Interesse wecken. Werfen die Kinder von sich aus ohne größeres Interesse den Zettel fort, kann man es dabei bewenden lassen, denn eine aufgezwungene Aufklärung könnte ebenfalls eine unerwünschte gegenteilige Wirkung haben (allein, weil sie neugierig macht).

Bei Geldsammlungen durch Sekten helfen nur zwei Dinge: 1. nichts geben, 2. bei der zuständigen Ordnungsbehörde umgehend nachfragen, ob diese Sammlung genehmigt ist. Wird durch Zeitungsverkauf Geld gesammelt, kann man den Verkäufer ruhig fragen, zu welcher Gruppe er gehört. Man kann sich auch erkundigen: „Was sagen Sie dazu, daß diese Zeitung zum Bereich der …-Sekte gehören soll?“ Verneint er es, kann man sagen: „Ich habe aber … (da und dort) Gegenteiliges gehört beziehungsweise gelesen.“ Auch hier kann es nützlich sein, sich den Gewerbeschein zeigen zu lassen und sich den Namen zu merken.

Beliebte Sammelorte sind:

- Am Einstellungsort wartende Züge (im Münchner Hauptbahnhof sammelten die Mitglieder der „Familie der Liebe“ beziehungsweise „Kinder Gottes“ eine halbe Stunde vor Abfahrt in den IC- und TEE- oder D-Zügen). Hier ist es angebracht, sofort den Aufsichtsbeamten zu verständigen.
- Flughäfen und Bahnhofshallen: Auch hier ist eine Information der Aufsichtsbeamten ratsam.

- Vor Warenhäusern beziehungsweise in den Fußgängerzonen (Anfrage beim Ordnungsamt per Telefon möglich).
- In kleineren Städten und Dörfern tauchen nicht selten die Krisna-Anhänger (verkleidet mit Perücke) auf und „schenken" den Passanten Bücher. Bester Rat: nehmen und kein Geld geben, dann bei den fast umgehend einsetzenden Beschimpfungen oder Rücknahmeversuchen durch den Sektenwerber die Polizei holen. Was einem geschenkt wurde, gehört einem bei Annahme auch. Die unerlaubte Rücknahme (aus der Hand reißen usw.) ist rechtlich Raub.

Noch ein Wort zum Unterschied zwischen *Sammeln* und *Betteln*: Betteln ist erlaubt. Unter Betteln wird das Erbitten von Geld zum eigenen Unterhalt (worin auch der der nächsten Angehörigen zu sehen ist) verstanden. Ist der Bettler im Besitz einer größeren Geldsumme, kann die Situation rechtlich durchaus vom erlaubten Betteln zum unerlaubten Sammeln (wenn nicht gar Sammelbetrug) umschlagen. Für Sammlungen ist eine aufsichtsbehördliche Genehmigung notwendig. Sie wird vom zuständigen Ordnungsamt erteilt oder abgelehnt.

Zeigt es sich, daß ein Ordnungsamt solche Erlaubnisse sehr freizügig an Sekten- und Jugendreligions-Leute erteilt, empfiehlt sich eine Anfrage über die Parteien beziehungsweise beim Stadtrat. Sammlungen liegen auch dann vor, wenn mehrere Personen zwar angeblich „betteln", das Geld hinterher jedoch abliefern.

Sammlungen unter Vorspiegelung falscher Tatsachen sind Betrug und als solcher rechtlich zu ahnden.

Haussammlungen, wie sie bei der Aktion „Home Church" der Vereinigungskirche vorgekommen sind, bedürfen auf jeden Fall der Genehmigung. Stellt ein Sammler beziehungsweise Werber dabei das Bein zwischen die Tür, so ist das Hausfriedensbruch und sollte angezeigt werden.

Die gefährlichste Form der Kontakte sind die „unbekannten". So gibt es in manchen Sekten eine Art „U-Boot-Mission". Die Werber der Sekten geben sich nicht als solche zu erkennen, werden

Mitglieder eines Jugend- oder Bibelkreises oder einer anderen Gruppe und bauen Stück für Stück ihren Einflußbereich aus.

Es kann auch vorkommen, daß sich Werber der Sekten als Mitarbeiter in einer Kirche oder in einem sozialen Werk anstellen lassen und die dadurch erhaltenen Möglichkeiten zugunsten der Sekten ausschöpfen.

In den USA unterhält die Mun-Bewegung ein besonderes Programm für angebliche „Theologiestudenten". Kämen diese Theologen später in einer Gemeinde zu Einfluß, könnten sie leicht eine erhebliche Werbeaktivität entwickeln.

Der Autor mußte zusammen mit dem „Arbeitskreis Jugendreligionen" beim Stadtjugendpfarramt Frankfurt im Februar 1978 folgende Warnung herausgeben:

> „Es ist bekannt geworden, daß in der Vereinigungskirche des Koreaners San Myung Mun, die zu den ‚neuen Jugendreligionen' gerechnet wird, ein neuer Plan zur Mitgliedergewinnung ausgearbeitet worden ist.
> Mitglieder der VK sollen sich in den Kirchengemeinden engagieren, wobei sie ihre VK-Zugehörigkeit nicht zu erkennen geben sollen. Sie sollen sich in der Gemeindearbeit und vor allem in Jugendkreisen hervortun. Es ist beispielsweise an Aktionen wie die folgende gedacht:
> Kirchenausgetretene sollen besucht und zum Gottesdienstbesuch sowie zur Teilnahme am Gemeindeleben ermuntert werden.
> Hat man das Vertrauen des Geistlichen gewonnen, soll versucht werden, werbend auf Mun hinzuweisen. Beispielsweise einen Termin zu bekommen, um vor der ganzen Gemeinde oder speziellen Gemeindekreisen zu sprechen.
> Auch die ‚Von-Mann-zu-Mann'-Mission (beispielsweise in den Jugendkreisen) scheint vorgesehen zu sein."

Erlangt man von einem solchen Fall Kenntnis, muß man sofort mit den Verantwortlichen Kontakt aufnehmen, um größeren Schaden verhüten zu helfen.

Ratschläge für Eltern und Angehörige

Die folgenden Ratschläge fassen noch einmal einige wichtige Punkte kurz zusammen. Sie basieren auf Ratschlägen der amerikanischen Elterninitiative „C.E.R.F.“.

- Schreiben Sie alle Namen, Adressen und Telefonnummern auf, die mit den Aktivitäten Ihres Kindes beziehungsweise Angehörigen in der Sekte zusammenhängen. Legen Sie eine Akte an.
- Halten Sie alle Ereignisse in zeitlicher Reihenfolge fest. Führen Sie ein Tagebuch.
- Reagieren Sie auf alle schriftlichen oder mündlichen Kontaktaufnahmen seitens Ihres Kindes oder Angehörigen in aufrichtiger, fester, aber nicht anschuldigender Weise.
- Äußern Sie Ihren Standpunkt klar. Zeigen Sie, daß er sich gegen die Gruppe, nicht aber gegen Ihr Kind beziehungsweise Ihren Angehörigen richtet. Bewahren Sie dabei Ruhe. Vermeiden Sie Äußerungen, die als Drohung verstanden werden könnten. Seien Sie aber jederzeit zum Gespräch bereit.
- Sammeln Sie alle Unterlagen und Informationen über die Gruppe – auch aus Zeitungen, Zeitschriften und anderen Quellen –, um über die neuesten Entwicklungen auf dem laufenden zu sein.
- Schicken Sie Ihrem Kind beziehungsweise Angehörigen kein Geld; dies dürfte fast immer der Gruppe, kaum aber dem Adressaten zugute kommen.
- Geben Sie keine Originaldokumente aus der Hand, sondern nur Kopien. Diese können beim Pfarramt beglaubigt werden.
- Geben Sie keinen eventuellen „professionellen Helfern“ Geldbeträge, wenn Sie nicht deren Glaubwürdigkeit und Fähigkeit überprüft haben, Ihnen bei der Lösung Ihrer Probleme auch wirklich sinnvoll und effektiv zu helfen.
- Geben Sie nie auf. Denken Sie immer daran, daß Ihr Kind von Ihrer Liebe, Ihrer Erziehung und seiner häuslichen Umge-

bung geprägt ist. Diese Einflüsse können auf Dauer von keiner Manipulationstechnik ausgelöscht werden.

- Denken Sie daran, daß Sie nicht allein sind. Das gleiche Problem wie Sie haben viele Eltern. Es betrifft Familien aus allen religiösen, wirtschaftlichen und sozialen Bereichen.
- Schließen Sie sich einer Elterninitiative an. Sie haben dadurch öffentlichen und staatlichen Stellen und auch den Gruppen gegenüber mehr Gewicht. Im Ernstfall bekommen Sie dadurch auch Verbindungen zu ähnlichen Initiativen in der ganzen Welt.
- Lassen Sie sich nicht von der Gruppe überrumpeln, beispielsweise durch „kostenlose Einladungen" zu Werbewochenenden und Unterschriftenbegehren.

Gegenaktivitäten der Jugendreligionen

Wenn Angehörige sich kritisch über Jugendreligionen äußern, kommt es häufig vor, daß sie ihrerseits von den Gruppen heftig angegriffen werden.

Scientology bezeichnet kritisch eingestellte Angehörige als „Unterdrückerische Personen" oder „SPs" (von „suppressive person"), die „gehandhabt werden müssen". Eine solche Handhabung kann beispielsweise in einer radikalen Trennung des Gruppenmitglieds von den Angehörigen bestehen. Sie kann auch zu Belästigungen der Kritiker führen.

Wer mit einem „SP" in Kontakt steht, wird von Scientology dafür gleichsam bestraft. Er wird zum „PTS" erklärt (Abkürzung von „potential trouble source" = potentieller Ärgernisverursacher). Solange jemand PTS ist, kann er nicht voll am Heilprogramm der Scientology teilnehmen. Da er das aber für eine schwere Gefährdung seiner Zukunft hält, richtet sich sein Ärger gegen die Angehörigen, die ihm dies angeblich „zugefügt" haben.

In manchen Fällen werden kritisch eingestellte Eltern auch von sogenannten Tarn- und Lobbygruppen der Sekten attackiert. In Deutschland ist aus scientologischen Aktivitäten beispielsweise eine „Union für Humanität gegenüber Religionen und Minderheiten" hervorgegangen, die sich später in „Gesellschaft zur Förderung religiöser Toleranz und zwischenmenschlicher Beziehungen" umbenannte. Die gleiche Institution heißt in der Schweiz „Informationskreis Religionen", und in den USA gibt es eine sogenannte „Association for the Preservation of Religious Liberty" (APRL).

In allen Fällen scheinen die Aktivitäten von der gegenüber Kritikern besonders aggressiven „Scientology" ausgegangen zu sein. Allerdings haben sich in diesen Gruppen heute auch die anderen Jugendreligionen und einige wohlmeinende, über die wahren Hintergründe nicht informierte Nichtmitglieder zusammengefunden. Letztere glauben, durch ihren Einsatz der durch die Kritik angeblich gefährdeten religiösen Freiheit zu dienen. Dabei übersehen sie, daß diese Gruppen selbst am allerwenigsten Toleranz üben, sondern alle anderen weltanschaulichen und religiösen Einstellungen scharf kritisieren.

Wer von einer dieser Gegenaktivitäten der Sekten betroffen ist, sollte sofort die Elterninitiativen oder Vertreter aus der Politik oder Beauftragte seiner Kirche um Hilfe bitten. An die kirchlichen Beauftragten kann sich selbstverständlich auch wenden, wer keiner (oder einer anderen) Religionsgemeinschaft angehört.

Ratschläge an Jugendliche

Der Münchner Kreisjugendring hat angesichts des vermehrten Auftretens der Jugendreligionen in der Münchner Innenstadt ein Flugblatt herausgegeben, das eine Reihe von wichtigen und beherzigenswerten Ratschlägen enthält.

Es wird hier auszugsweise abgedruckt, damit Sie im Ernstfall diese Seite kopieren und an den Betroffenen weitergeben können:

„Wir akzeptieren die Glaubens- und Religionsfreiheit jedes einzelnen, aber wir sind der Meinung, daß die neuen Jugend-,Religionen' eine Gefahr für Jugendliche darstellen.

Der jeweilige Absolutheitsanspruch und die strenge und isolierte Lebensweise vereinnahmen die Jugendlichen völlig und lassen kaum Möglichkeiten, sich mit Alternativen auseinanderzusetzen.

Einmal Mitglied, so ist es ungeheuer schwer, sich von der Gruppe zu trennen. Hat man der Gemeinschaft erst mal alles geopfert, ist ohne abgeschlossene Ausbildung und gegebenenfalls innerhalb der Gemeinschaft an Partner und Kinder gebunden, so bedarf es großer Anstrengungen, sich unter diesen erschwerten Bedingungen wieder der gesellschaftlichen Realität zu stellen.

Deshalb bitte beachten!

- An eine Unterschrift unter einen Vertrag sind Sie im Zweifelsfalle immer gebunden.
- Behalten Sie ihre persönlichen Papiere immer bei sich. Wenn Sie Ihren Paß, Personalausweis usw. Dritten übergeben, sind Sie dabei nicht vor Mißbrauch geschützt.
- Seien Sie vorsichtig mit der Weitergabe von Informationen über andere Personen und auch über Familienmitglieder, da Sie nicht wissen können, ob Sie mit deren Einverständnis handeln.
- Sollten Sie sich dennoch einer der genannten Gruppen anschließen: Vergewissern Sie sich nachdrücklich, ob Sie für einen Unfall oder Krankheitsfall ausreichend versichert sind.
- Bedenken Sie, daß Sie Schwierigkeiten bekommen können, wenn Sie in die Gemeinschaft eingebrachtes Geld beim Austritt wieder zurückfordern."

Hilfe von außen

Deprogramming

Ein Vater, der den Zustand seines Sohnes nach einem Aufenthalt bei einer Jugendsekte schilderte, beschrieb ihn folgendermaßen: „wie ein Roboter mit einem fremden Programm“ und fügte später hinzu: „Wenn man das nur irgendwie verändern könnte.“

Damit beschreibt der besagte Vater, ohne es zu wissen, die Grundausrichtung des sogenannten *Deprogramming*. Deprogramming will „Entprogrammierung“, die Löschung eines Programms wie bei einem Computer – in diesem Fall des Programms, das Jugendreligionen oder Sekten ihren Mitgliedern einprogrammiert haben. So besehen könnte man jede Handlung Deprogramming nennen, mit der versucht wird, jemanden von der Gruppen- oder Sektenüberzeugung beziehungsweise -programmierung zu befreien.

In den USA und in England wird unter Deprogramming jedoch ein ganz deutlich umgrenzter Veränderungsversuch verstanden.

Dazu müssen die Jugendlichen (oder andere Sektenmitglieder) zuerst einmal völlig von der Gruppe getrennt werden. Eine „Freedom of Thought Foundation“ in Tucson (Arizona) versuchte das mit Hilfe gerichtlicher Verfügungen. Den Angehörigen wird für eine bestimmte Zeit die Vormundschaft übertragen. Während dieser Zeit können sie den Aufenthaltsort der betreffenden Person bestimmen. In diesem Fall wird dann eine „Deprogramming-Farm“ bestimmt, wo ausgebildete „Deprogrammer“ die erwünschte Entprogrammierung vornehmen. Es muß gesagt werden, daß nicht wenige der entprogrammierten Jugendlichen ihren Eltern später dafür dankbar sind, daß sie diesen Schritt gewagt haben.

In anderen Fällen wird versucht, die zu deprogrammierende Person ohne Gerichtsbeschluß mit Hilfe von List oder Gewalt von der Jugendreligion, -bewegung oder Sekte zu trennen, um sie zum Deprogramming zu bringen. Es ist ja nicht in allen Fällen so, daß die Gerichte eine vorübergehende Vormundschaft verfügen. Die „Deprogrammer" haben für solche Fälle irgendwo eine Wohnung oder eine andere Unterkunft gemietet, die nicht verlassen werden kann.

In einem angeblichen „Handbuch des Deprogrammers" werden Deprogrammierungstechniken genannt: Nahrungs- und Schlafentzug, Reizüberbeeinflussung, Nacktheit, exkrementelle Verunreinigung der Bilder des Sektenführers und unter Umständen sogar Sexualkontakte. Das wäre, wenn es stimmen würde, verbrecherisch.

Tatsächlich handelt es sich beim „Handbuch des Deprogrammers" um eine Fälschung, die auf eine der Jugendreligionen zurückgeht. Ja, es scheint, daß alle Nachrichten über starke Beeinträchtigungen beim Deprogramming solche gezielten Fehlinformationen sind, die nur den Zweck haben, die Deprogrammer und die Eltern zu verteufeln, die ihre Kinder deprogrammieren lassen.

Der Verfasser dieses Buches hat sich im September und Oktober 1978 in den USA in persönlichen Kontakten mit Deprogrammierten und auch mit informierten Geistlichen, die das Deprogramming persönlich ablehnen, davon überzeugen können, daß in allen bekannt gewordenen Fällen keine derartigen Methoden angewandt wurden. Essen und Schlafen nach Wunsch des zu Deprogrammierenden gehört sogar zu den Hauptprinzipien des Deprogrammings. Er soll ja möglichst wieder Freude an diesen Dingen entwickeln.

Durch die APRL, eine Interessenvertretungsorganisation der Sekten, werden jedoch auch weiterhin unglaubhafte Nachrichten über das Deprogramming verbreitet, weil dieses bei den Sekten sehr gefürchtet ist.

Gefahren des Deprogramming

Wenn Deprogrammer verurteilt wurden, dann nicht wegen des Deprogrammings, sondern in allen bekannten Fällen wegen dabei eingesetzter freiheitsentziehender Methoden, wegen gewaltsamer Entführung und gegen den Willen des Deprogrammierten vorgenommenen Einsperrung.

Dadurch werden persönliche Rechte des Deprogrammierten verletzt. Selbst wenn, wie immer wieder zu hören ist, die Entprogrammierten später für die Befreiung aus der Jugendreligion, -bewegung oder -sekte und ihrer geistigen Befangenheit dankbar sind, wird dieses Deprogramming von den regelrechten Elterninitiativen C.E.R.F., den französischen A.D.F.I. und den deutschen Elterninitiativen abgelehnt.

Zu fragen wäre ja auch, ob man jemandem etwas nehmen kann (seinen Glauben an die Lehren der Jugendreligion oder einer Sekte), ohne ihm dafür etwas zu geben. Eine neue religiöse Überzeugung aber könnte nicht auf der Grundlage eines Zwanges (gesetzlicher oder außergesetzlicher Entmündigung) vermittelt werden.

Darüber hinaus besteht die Gefahr, daß schwere seelische Belastungen entstehen, bis hin zum Nervenzusammenbruch oder gar Selbstmord. Bei einem zwangsweisen Deprogramming würde aber auch aus moralischen, berufsständischen Gründen kaum ein Arzt oder Therapeut mitmachen.

Daß Deprogramming kein ungefährliches Geschäft ist, zeigt auch die Tatsache, daß in den USA einigen laienhaften Deprogrammern von den Jugendreligionen Fallen gestellt wurden, woraufhin es zu gerichtlichen Verurteilungen der Deprogrammer kam. Es wird auch damit zu rechnen sein, daß die überzeugten Angehörigen der Jugendreligionen vor Gericht gegen ihre eigenen Eltern zeugen und auch deren Verurteilung herbeiführen können.

Einen Menschen gegen seinen Willen zu etwas zu zwingen, ist ab einem bestimmten Alter auch dann nicht entschuldbar, wenn man es „gut gemeint" hat. „Gut meinen" werden es die Jugendreligionen und Sekten und ihre Führer wohl auch. Wo ein Deprogramming auf ungesetzlicher Grundlage oder mit fragwürdigen Methoden durchgeführt wird, ist es aus all den genannten Gründen und dazu auch noch aus religiösen Überlegungen nicht vertretbar. Das gilt auch dann, wenn auf gesetzlicher Grundlage Techniken der Gehirnwäsche eingesetzt werden sollten.

Auch wenn das Deprogramming nicht empfohlen oder befürwortet werden kann, hat wohl niemand das Recht, über jene den Stab zu brechen, die einen Angehörigen durch Deprogramming aus der Bindung an eine totalitaristische Gruppe befreit haben oder zu befreien versuchten.

Von einer langfristigen *Entmündigung* ist auch deswegen abzuraten, weil die Spätfolgen unabsehbar sein können. So können einer früheren Entmündigung wegen manche Berufsziele unerreichbar bleiben. Es kann sein, daß wegen einer Entmündigung die Erreichung eines Führerscheins oder eines Kredits später erschwert, wenn nicht gar unmöglich gemacht wird. Es kann außerdem bei dem Betreffenden ein aus dieser Entmündigung und der damit verbundenen Entwürdigung herrührender seelischer Schaden entstehen. Auch vor einer vorläufigen Entmündigung sollte man diese möglichen Folgen bedenken.

Besteht durch den Verbleib eines Jugendlichen in einer Jugendsekte jedoch die Gefahr des Schadens für Leib und Leben, müßten solche Bedenken zurücktreten. Dieser Fall könnte zum Beispiel eintreten, wenn durch den Beitritt zu der Jugendreligion oder Sekte eine lebenswichtige medizinische Behandlung unterbrochen wird.

Im Januar 1979 berichtete das in Los Angeles erscheinende Monatsmagazin „New West", daß in der Mun-Bewegung gelehrt worden sei, man solle sich im Falle eines Deprogrammings die Schlagadern mit einer Rasierklinge aufschneiden.

„Am besten wäre es, wenn wir uns frontal vor das Auto des Deprogrammers werfen würden, weil er dann wegen Mordes angeklagt würde", wird eine ehemalige Mun-Anhängerin zitiert.

Erklärung der Münchener Elterninitiative zum Deprogramming

Im Oktober 1982 beschloß die Münchener Elterninitiative eine Stellungnahme zum Deprogramming, der sich in der Folgezeit alle deutschen Elterninitiativen anschlossen:

> „Der Vorstand der Münchener ‚Elterninitiative zur Hilfe gegen seelische Abhängigkeit und religiösen Extremismus e. V.' hat sich angesichts der Pressemeldungen und mehrerer Anfragen aus den Reihen der Mitgliedschaft sowie an den Verein ergangener Deprogramming-Angebote zu folgender Stellungnahme bewogen gesehen:
> Die Münchener Elterninitiative lehnt das sogenannte Deprogramming, das auf Freiheitsentzug und seelischem oder äußerem Druck aufbaut, kompromißlos ab. Sie warnt alle Eltern, ihre Kinder einer solchen Prozedur zu unterziehen. Berufsmäßige Deprogrammer, die ihre Dienste anbieten, sollten sofort abschlägig beschieden und das Angebot bei der Elterninitiative gemeldet werden. Der Vorstand warnt, Kinder durch eine Prozedur zu gefährden, die einer Gehirnwäsche gleichkommt. Der Vorstand weist darauf hin, daß eine der Folgen eine verstärkte Bindung an die Jugendreligion oder Sekte sein kann, aus deren Fängen man den Angehörigen gerade retten möchte. Bei ungesetzlichem Vorgehen ist auch damit zu rechnen, daß erhebliche rechtliche Folgen (sowohl im zivilrechtlichen wie im strafrechtlichen Bereich) auf die Eltern oder die das Deprogramming veranlassenden Angehörigen zukommen können.
> Gleichzeitig weist der Vorstand der Münchener Elterninitiative mit Entschiedenheit alle Versuche zurück, die Eltern zu diffamieren und zu verunglimpfen, die in ihrer Not keinen anderen Weg gesehen haben als den eines Deprogrammings. Verleitet durch die Angst um das Kind und durch schlechte Ratgeber, haben sie sich große Gewissensnöte und erhebliche Kosten und Mühen aufgebürdet, um dem Kind oder Angehörigen zu helfen.

Große Angst und eine kleine Hoffnung haben sie dazu getrieben. Sie zu be- oder verurteilen steht allein den juristischen Institutionen zu. Auf keinen Fall sollten die Sekten und Jugendreligionen, die selbst mit ihren Missionierungsmethoden eine gefährliche Form des Deprogramming und der Seelenwäsche betreiben und dadurch erst die Grundlage für das von Sorge gekennzeichnete Handeln der Eltern schaffen, über diese Vorgänge urteilen.

Gruppen, die durch ihre Indoktrinationsmethoden das Recht des Individuums auf wirkliche Religionsfreiheit verletzen, haben auch kein Recht, sich als angebliche Hüter der Religionsfreiheit aufzuspielen. Doch weist der Vorstand der Münchener Elterninitiative noch einmal deutlich darauf hin, daß das unrechte Handeln der Jugendreligionen und Sekten keine Berechtigung begründet, seinerseits dagegen mit unrechtmäßigen Mitteln vorzugehen.

Nur eine entschiedene und deutliche Aufklärungsarbeit trägt die Chance in sich, auf lange Zeit das Wirken der Jugendreligionen und extremen Sekten einzudämmen.

M. Ach/C. Reinhold/Friedrich-W. Haack“

Elterninitiativen

USA

Mit dem Auftauchen der neuen Jugendreligionen haben sich in vielen Ländern Elterninitiativen gebildet.

Zuerst ist dies in den USA geschehen, weil dort die Gruppen zuerst ihre Wirkung entfalteten.

In Amerika scheint es zunächst die Gruppe „*Freecog*" gewesen zu sein, die die von den Kindern Gottes (Children of God = COG) bekehrten Jugendlichen frei (free) machen wollte.

Bald hatte man erkannt, daß diese Schwierigkeiten nicht nur auf das Konto der Kinder Gottes, sondern auch anderer Gruppen – man spricht in Amerika von „Cults" (Kulten) – gingen:

Ausbildungsabbruch, volle Besitzübergabe, Unterbrechung aller Beziehungen zu den Angehörigen und Freunden, völlig verändertes Verhalten bis hin zur totalen Persönlichkeitsveränderung, ja sogar Teilnahme an ungesetzlichen Handlungen zugunsten der Gruppen beziehungsweise Cults.

In Deutschland bürgerte sich der Begriff „Jugendreligion" ein, der zeigen soll, daß sich besonders Jugendliche zu diesen Gruppen hingezogen fühlen.

Im August 1975 gründete dann der Rabbi Maurice Davis die besonders auf die Unification Church (Vereinigungskirche) des San Myung Mun ausgerichtete Organisation Citizens Engaged in Reuniting Families (C.E.R.F.). Der Name bedeutet „Bürgervereinigung zum Zwecke der Familien-Wiedervereinigung". Die Adresse lautet:

P. O. Box 112-H, Scarsdale
N. Y. 10583
Tel.: 001-914-761-7668.

Das Programm der C.E.R.F. entspricht weitgehend dem aller anderen verantwortlichen Elterninitiativen. In vier Bereichen bietet C.E.R.F. Hilfe an:

- C.E.R.F. will Menschen helfen, in deren Familie durch den Übertritt eines Kindes zu einer Jugendreligion Verwirrung gekommen ist
  - durch Ratschläge, wie es den Eltern am besten möglich ist, mit ihren Söhnen und Töchtern in der Gruppe Kontakt zu halten;
  - durch das Angebot von Rechtsbeistand;
  - C.E.R.F. bietet sich als Beratungsstelle für Eltern an;
  - Eltern sollen laufend über die Gruppe informiert werden;
  - es soll dazu beigetragen werden, daß Eltern, die das gleiche Problem haben, sich kennenlernen, um Kontakt miteinander halten zu können.
- C.E.R.F. will jungen Menschen dabei helfen, die Gruppe zu verlassen:
  - Die Jugendlichen sollen so umfangreich wie möglich beraten werden.
  - Mit dem Problem vertraute Psychiater und Psychologen sollen vermittelt werden.
  - Die Initiative will „Ehemalige" auch nach dem Verlassen der Gruppe beraten.
  - C.E.R.F. versucht die schon seit längerer Zeit Freigekommenen mit Mitgliedern zusammenzuführen, die gerade erst befreit wurden (um auf diese Weise beim Loskommen von der Gruppe, das heißt, bei der „inneren Befreiung" zu helfen). C.E.R.F.: „Wir suchen deren Hilfe und Wissen gegen Mun und seine Bewegung zu nutzen."
- C.E.R.F. will die Öffentlichkeit über die Gefahren der Gruppe aufklären:
  - durch Unterstützung der Massenmedien mit Informationen und Material;
  - durch Hilfe für freischaffende Journalisten und ermittelnde Reporter.
- C.E.R.F. will die Behörden bei der Untersuchung der Mun-Bewegung und ihrer Aktivitäten unterstützen:
  - durch fortlaufende und korrekte Informierung über die „Kirche, ihre Aktivitäten, ihre Geschäfte und ihre Außen-

Organisationen“ (gemeint sind hier: Internationale Kultur-Föderation, Little Angels usw.);
- durch Zusammenarbeit bei offiziellen Untersuchungen.

Ebenso wichtig ist jedoch, was C.E.R.F. nicht will:

- Abgelehnt wird die Teilnahme an der gewaltsamen „Befreiung“ von Jugendlichen aus der Gruppe.
- Abgelehnt wird auch eine Teilnahme an jeder Art des „Deprogramming“.
- Abgelehnt wird jede Beteiligung an einer ungesetzlichen Aktivität.
- Abgelehnt wird jede Verletzung der Rechte, die Mun und seiner Gruppe nach bürgerlichem Gesetz zustehen.

Gerade diese Abgrenzung ist wichtig und kann Eltern und Elterninitiativen davor bewahren, im Überschwang der Gefühle und in der berechtigten Verärgerung über die Gruppe einen falschen Weg der Gegenarbeit zu beschreiten.

Weitere Initiativen in den USA:

Free Minds, Inc.
P. O. Box 4216, Minneapolis/Minnesota 55414, USA.

„Free Minds“ gibt einen monatlichen Rundbrief mit dem gleichnamigen Titel heraus.

Citizens Freedom Foundation,
National Office, P. O. Box 86, Hannacroix, New York 12087, USA.

Die CFF gibt einen monatlichen Rundbrief „Citizens Freedom Foundation News“ heraus. Sie hat Ortsgruppen in den meisten Staaten der USA und organisiert öfters Konferenzen zum Thema der in den USA „destructive cults“ genannten Jugendreligionen. Neben der unten noch genannten „American Family Foundation“ ist die CFF die in den USA am aktivsten und flächendeckendste arbeitende Organisation.

Über CFF kann man auch mit spezieller ausgerichteten Gruppen wie „Freecog, Inc." (gegen die Kinder Gottes/Familie der Liebe gerichtet) und „Ex-Moon, Inc." (gegen die Mun-Bewegung gerichtet) Kontakt aufnehmen.

Keine Elterninitiative, jedoch im Zusammenhang mit der US-amerikanischen Szene erwähnenswert ist das christlich orientierte
Institute of Contemporary Christianity
Executive Director: James Bjornstad,
P. O. Box A, Oakland, New Jersey 07436, USA.

Vor allem an Recherchen Interessierte können von dieser Institution interessantes Material beziehen.

In Kalifornien arbeitet eine Gruppe von jungen Leuten, die sich Aufklärung und Gegenarbeit (durch glaubensmäßige Überzeugung und nicht durch Deprogramming) zum Ziel gesetzt haben. Es ist die
Spiritual Counterfeits Project – Berkeley Christian Coalition
P. O. Box 4308, Berkeley, Calif. 94704.

Wer die englische Sprache beherrscht, kann sich gegen geringe Kosten von dort wichtige Informationsmaterialien (Flugblätter, Tonbänder, Schriften) schicken lassen.

Einen übernationalen Zusammenschluß der US-amerikanischen Elterninitiativen gibt es bislang nicht. Doch hat sich eine Vereinigung gebildet, die als eine solche fungieren kann und es auch schon tut.. Es ist die

American Family Foundation, Inc.
P. O. Box 343, Lexington/Mass. 02173.

Die AFF ist hervorgegangen aus einem „Ad Hoc Committee of Concerned Parents", das sich gegen die 1978er „ICUS" (International Conference for the Unity of Sciences) der Vereinigungskirche richtete. Von der AFF wird die zweimonatliche Zeitschrift „The Advisor" herausgegeben (Bezugsadresse wie oben).

Eine der führenden Persönlichkeiten dieser Gruppe ist der in Fragen der Persönlichkeitsveränderungen durch solche Gruppen überaus erfahrene Dr. John G. Clark, stellvertretender Professor für Psychiatrie (an der Harvard Medical School und dem Massachusetts General Hospital), Diplom-Psychiater, Mitglied des American Board of Psychiatry und Neurology.

Clark ist durch seine wissenschaftlichen Arbeiten über psychische Schädigungen durch Sekteneinwirkung bekannt geworden.

Weitere Anlaufstellen in den USA sind:

Task Force on Cults and Missionary Efforts (and Cult Clinic),
USA: Jewish Federation Council of Greater Los Angeles,
6505 Wilshire Blv., Suite 802, Los Angeles, CA 90048,
Tel.: Task Force 001-213-852-1234,
Cult Clinic: 001-213-852-1234 und 2662

Task Force on Missionaries and Cults (and Cult Clinic), USA: Jewish Community Relations Council of New York, 11 W. 40th Street, New Nork N. Y. 10018, USA, Tel.: Task Force 001-212-221-1535, Cult Clinic 001-212-860-8533

CAN – Cult Awareness Netword, USA
2421 West Pratt Blvd., Suite 1173, Chicago III. 60645, USA,
Tel.: 001-312-267-7777.

Australien

Concerned Christian Growth Ministries (CCG), Australien:
176 Alberta Street, Osborne Park, West Australia WA 6017

Die Gruppe gibt einen Rundbrief mit dem Titel „Take A Closer Look" heraus und beschäftigt sich mit der ganzen Breite des neureligiösen und okkultistischen Angebots unserer Zeit.

Frankreich

Die in Europa wohl älteste Elterninitiative ist die von Dr. Champollion in Rennes ins Leben gerufene

ADFI – Association de Défense des Familles et de l'Individu,
Frankreich: 10, rue de Père Dhuit, F-75020 Paris,
Tel.: 0033-1-47-979608, Fax: 0033-1-47970173.

In einem der ersten Rundschreiben stellt sich die ADFI vor: „Die A.D.F.I. wurde gegründet, um Eltern und Jugendliche vor dem zerstörerischen Handeln politisch-religiöser Sekten zu schützen."

Damit ist zum einen der in den USA gebräuchliche Begriff der „destructive cults" (zerstörerischen Kulte) aufgenommen, zum anderen aber auch schon auf die eminent wichtige politische Dimension des Phänomens hingewiesen.

Nach dem Muster der ADFI wurde auch die erste deutsche Elterninitiative „EI e. V., München" gegründet.

Belgien

Hier gibt es eine Bewegung, die aufgrund der Mehrsprachigkeit des Landes jedoch zwei verschiedene Namen und Adressen hat:

Association pour la Défense de l'Individu et de la Famille (ADIF), Belgien:
Hertogenweg 8, B-1980 Tervuren, Tel.: 0032-2-7675421 und

Vereniging ter Vertediging van Persoon en Gezin (VVPG),
Belgien: Paleistraat 149, B-2000 Antwerpen,
Tel.: 0032-3-2164109.

Dänemark

In Dänemark kümmert sich eine ökumenische christliche Gemeinschaft um die „Meditationsopfer", wie man dort die Opfer der Gruppen nennt (weil zuerst östliche Meditationsgruppen das Problem deutlich gemacht hatten). Unter der Leitung von Professor Johannes Aagaard entstanden

Den aabne Familie (Die offene Familie)
und das
Dialog Center International, Dänemark:
Katrinebjergvej 46, DK-8200 Århus N,
Tel.: 0045-86-105001, Fax: 0045-86-105416.

Die Offene Familie will in der Nähe von Århus eine kleine Siedlung errichten, in der ehemaligen Mitgliedern von Jugendreligionen und Meditationsbewegungen eine Wiedereingliederung in das tägliche Leben ermöglicht werden soll. Sie ist über das Dialog Center International zu erreichen.

Das Dialog Center International fördert eine Arbeit zur Hilfe für in Indien „hängengebliebene" Europäer, Amerikaner usw., denen die Rückkehr ermöglicht werden soll.

Das Spendenkonto für diese Arbeit: 855384, Handelsbanken Århus.

Das Dialog Center gibt auch die Zeitschrift „Areopagus" heraus, die für den wissenschaftlich Interessierten und Forschenden ein wesentliches Fachblatt sein dürfte.

England

Anfang 1976 wurde in England die Gruppe

F.A.I.R. – Family Action and Rescue, Großbritannien:
BCM Box 3535, P. O. Box 12, GB-London WC1R4XX,
Tel.: 0044-81-5393940, Fax: 0044-81-5568861
gegründet, „um den Einfluß von San Myung Muns Netz von über 80 Organisationen, die unter der Schirmherrschaft der sogenannten Vereinigungskirche stehen, zu bekämpfen".

Das Ziel hat sich längst ausgeweitet. In dem Rundbrief „FAIR News" werden auch über die anderen Jugendreligionen, politreligiösen Sekten und Gruppierungen Informationen verbreitet. Parlamentsabgeordnete, betroffene Eltern, Geistliche der Kirche von England und andere für die Problematik Wachgewordene haben sich in der FAIR zusammengeschlossen.

Betont christlich orientiert ist der
Deo Gloria Trust, Großbritannien:
5 London Road, GB-Bromley/Kent, BR 1 BZ.

Ausgehend von der Problematik der Kinder Gottes hat Kenneth Frampton, Esq. mit seiner Organisation sich dem ganzen Problemfeld gewidmet. Frampton ist Mitglied des Exekutiv-Komitees der Internationalen Vereinigung der Elterninitiativen.

Griechenland

In Griechenland entstand 1982 eine Elterninitiative:
Panhellenic Parents Union, Griechenland:
14 Joannu Gennadiou St., GR-Athen 140,
Tel.: 0030-1-7238169.

Leiter ist Dr. A. Alevisopoulos, Iasou 1, GR-11521 Athen, Griechenland, Tel.: 0030-1-7219161. Dr. Alevisopoulos spricht perfekt deutsch und kann deutschsprachigen Betroffenen besonders dann hilfreich sein, wenn die Spuren nach Griechenland führen.

Israel

In Israel entstand (unter Mithilfe der Gründerin der ADFI – die auch bei der Gründung der griechischen Elterninitiative Hilfestellung geleistet hatte) ebenfalls im Jahre 1982 eine Elterninitiative:
Concerned Parents A. C., Israel:
P. O. Box 1806, Haifa 31018 Israel.

Japan

Teruko Honma, Japan:
40 Shimo Oono Ochiai, Noshiro-Shi, Akitaken.

Niederlande

Samenwerkende Ouders Sekteleden – S.O.S., Niederlande
Graafseweg 2556, 5213 A 's-Hertogenbosch.

Österreich

Verein zur Wahrung der geistigen Freiheit, Österreich:
Postfach 218, A-1011 Wien.

Spanien

Association Pro-Juventud, Spanien:
de c/Aribau, 226 int. bajos, E-08006 Barcelona,
Tel: 0034-3-2014886.

Schweden

FRI – Föreningen Rädda Individuen, Schweden :
Longholmsgatan 17, S-11733 Stockholm
Tel: 0046-8-664713.

Irland

Irish Family Foundation, Irland:
P. O. Box 1268, Balls Bridge, Dublin, Irland.

Italien

Aris – Associazione per la ricerca e l'informazione sulle sette, Italien:
Via A. Doria 9/3, I-20058 Villasanta
Tel.: 0039-39-306070.

Schweiz

SADK Schweizerische Arbeitsgruppe gegen destruktive Kulte, Schweiz:
c/o Masner, Bohnackerstr. 10, CH-8157 Dielsdorf.

Bundesrepublik Deutschland

Die erste deutsche Elterninitiative war die

Elterninitiative zur Hilfe gegen seelische Abhängigkeit und religiösen Extremismus e. V. – EI e. V.; Bundesrepublik Deutschland:
Postfach 100513, D-8000 München 1, Tel: 089-1412841, Fax: 089-146850.

In der Münchner EI e. V. haben sich Mitglieder aus dem gesamten deutschen Sprachraum zusammengefunden. Es sind Betroffene, Mitarbeiter der Kirchen, Pädagogen und Juristen. Hauptanliegen sind:

- Kontakte unter den Betroffenen herzustellen;
- Mitgliedern der Jugendreligionen, Sekten und Psychobewegungen auf Wunsch bei der Rückkehr zu helfen;
- Information der Öffentlichkeit;
- Auseinandersetzung mit den Gruppen und ihren Ansprüchen
- Beratung von Betroffenen und Interessierten;
- Internationale Zusammenarbeit zur Erreichung der vorgenannten Ziele.

Nach der Münchner „EI e. V." entstanden in Deutschland noch folgende Initiativen und Arbeitskreise (in Auswahl):

PLZ 1000
Eltern- und Betroffeneninitiative gegen psychische Abhängigkeit für geistige Freiheit e. V. – EBI, Bundesrepublik Deutschland: Mommsenstr. 19, D-1000 Berlin 12, Tel.: 030-3249575.

PLZ 2000
Elterninitiative in Hamburg und Schleswig-Holstein zur Hilfe gegen seelische Abhängigkeit und Mißbrauch der Religion e. V., Bundesrepublik Deutschland: Pastor D. Bendrath, Brahmsstr. 20f, D-2400 Lübeck, Tel: 0451-44786.

PLZ 3000

Niedersächsische Elterninitiative gegen Mißbrauch der Religion e. V., Bundesrepublik Deutschland: Pastor W. Knackstedt, Archivstr. 1 D-3000 Hannover 1, Tel.: 0511-1241452, Fax: 0511-1241266.

PLZ 4000

Aktion Psychokultgefahren – APG e. V., Bundesrepublik Deutschland: Ellerstr. 101, D-4000 Düsseldorf 1, Tel.: 0211-721066.
Sekten-Info Essen e. V., Bundesrepublik Deutschland: Rottstr. 24, D-4300 Essen 1, Tel: 0201-234646.
Arbeitskreis Sekten Herford, Bundesrepublik Deutschland: Karin Peatow, Auf der Freiheit 25, D-4900 Herford, Tel.: 05221-55330.

PLZ 5000

Aktion für geistige und psychische Freiheit – AGPF e. V., Bundesrepublik Deutschland: Graurheindorfer Str. 15, D-5300 Bonn 1, Tel.: 0228-631547.
Arbeitskreis Jugendsekten der Evangelischen Jugend Bonn, Bundesrepublik Deutschland: Adenauerallee 37, D-5300 Bonn 1, Tel.: 0228-223089.
Elterninitiative zur Wahrung der geistigen Freiheit e. V., Bundesrepublik Deutschland: U. Zöpel, Geschwister-Scholl-Str. 58, D-5090 Leverkusen 1, Tel: 0214-583722.

PLZ 6000

Arbeitsgemeinschaft „Neue religiöse Gruppen“ e. V. im evangelischen Stadtjugendpfarramt Frankfurt, Bundesrepublik Deutschland: K.-H. Eimuth, Saalgasse 15, D-6000 Frankfurt 1, Tel: 069-285502, Fax: 069-2165257.

PLZ 7000

Keine Elterninitiative ist folgende Einrichtung, die sich als erste Anlaufstelle im PLZ-Gebiet 7000 anbietet:
Aktion Bildungsinformation, D-7000 Stuttgart 1, Alte Poststr. 5, Tel.: 0711-299335.

PLZ 8000
Arbeitsgemeinschaft für Religions- und Weltanschauungsfragen, Bundesrepublik Deutschland: Postfach 107, D-8000 München 50.
Das große Zeichen – Die Frau aller Völker – DGZ-DFAV, Bundesrepublik Deutschland: Postfach 349, D-8700 Würzburg 11,
Tel.: 0931-566197.

PLZ D-O (Neue Bundesländer)
Kontakt zu Anlaufstellen und Initiativgruppen in den östlichen Bundesländern (Greifswald, Rostock, Magdeburg, Halle, Dresden, Leipzig, Chemnitz) über die
Eltern- und Betroffeneninitiative gegen psychische Abhängigkeit – für geistige Freiheit Berlin e. V., Mommsenstr. 19,
1000 Berlin 12, Tel.: 030-3249575, Fax: 030-8179368.
Weitere Anschriften Ost:
Eltern- und Betroffeneninitiative in Sachsen, Kontaktanschrift:
S. Bartsch, Straße der Waffenbrüderschaft 31, O-7066 Leipzig,
Tel.: 0037-41-4115314.
Eltern- und Betroffeneninitiative, Kontaktpartner Jena:
Dipl. Theol. Winfried Müller, Schaefferstr. 2, O-6900 Jena,
Tel.: 0037-78-23057.

Keine Elterninitiative ist folgende Arbeitsgruppe, die sich als Anlaufstelle im Gebiet Chemnitz anbietet:
Arbeitsgruppe Sekten, Psychogruppen, Jugendreligionen beim Studentenrat der Universität Chemnitz, Vettersstr. 66/724,
O-9022 Chemnitz, Tel.: 0037-71-561-2639,
Fax: 0037-71-561 2636.

Und danach?

Schwerwiegende seelische Veränderungen

Manche Eltern meinen, es wären alle Probleme gelöst, wenn ihr Kind einmal „da raus" wäre. Das ist falsch.

Das sogenannte „normale Leben", in das sie „gerettet" werden sollen, ist für einen nachdenklichen Menschen gar nicht so normal und selbstverständlich. Es kann zu schwierigen seelischen Konflikten kommen, wenn einem jungen Menschen die eine Überzeugung genommen und nichts dafür gegeben wird. Sie könnten sich hinterher als doppelt Betrogene fühlen: einmal, weil sie sich einer solchen Gruppe angeschlossen und dort Geld, Arbeitskraft und Glauben eingesetzt hatten, und zum anderen weil sie jetzt wieder ohne seelische Stärkung in die Welt sollen, vor deren Sinnlosigkeit und Ungereimtheiten sie in den Schoß der Glaubensgruppe geflohen waren.

Wenn jemand zurückkehrt, darf es dazu keinen Kommentar außer dem Satz „Ich bin froh und dankbar" geben. Bemerkungen wie: „Ich hab' ja gleich gesagt, daß das alles Blödsinn war" und „Hättest Du nur auf mich gehört" sind töricht und falsch. Sie können übrigens den Erfolg haben, daß der eben erst Heimgekehrte sich schleunigst wieder abwendet.

Auch die Feststellung: „Jeder muß sich mal die Hörner abstoßen" ist irrig. Es geht beim Eintritt eines jungen Menschen in eine der neuen Jugendreligionen weder in erster noch in zweiter Linie ums große Abenteuer.

In einer ganzen Reihe von Fällen haben junge Menschen durch längere Zugehörigkeit zu einer der Jugendreligionen eine derart schwerwiegende seelische Veränderung erfahren, daß einige Therapeuten sogar spezielle Krankheitsbilder zu sehen meinen.

Helfereinsätze

Wenn Jugendliche durch eine anwaltliche Bemühung oder richterliche Verfügung aus einer der Gruppen herausgeholt und in elterliche oder andere vormundschaftliche Gewalt gestellt worden sind, empfiehlt sich ein Kontakt zu Helfern.

Dies werden in erster Linie Sachkundige oder ehemalige Sektenmitglieder sein, aber auch Geistliche oder andere glaubensmäßige Berater. Das ist deshalb empfehlenswert, weil bei einer Hinwendung zu einer Glaubensgemeinschaft in den meisten Fällen Glaubensfragen eine sehr wichtige Rolle spielen.

Auch dann, wenn dieser Glaube eher technisch-halbwissenschaftlich aufgezogen worden ist, wie etwa bei Scientology und den von Scientology oder anderen Hubbard-Gruppen herkommenden Abspaltungen und Nachahmungen.

Doch muß dieser Einsatz von Beratern sorgfältig geplant werden, wenn er nicht wirkungslos sein soll.

Falsch wäre zum Beispiel einen Sachkundigen kurz nach der Heimkehr des ehemaligen Gruppenmitgliedes ins Haus zu bitten und von ihm zu erwarten, daß er jetzt einmal „alles aufdeckt" und den Jugendlichen möglichst auch noch „überzeugt". Ein solcher Versuch wäre von vornherein zum Scheitern verurteilt, weil das Gespräch mit einem Sachkundigen zumindest auf einem gewissen Grad an Freiwilligkeit aufbauen muß, da der Berater ansonsten gegen ein verschlossenes Ohr und Gemüt redet und genausogut die Wand anpredigen könnte.

Dieses kleine Stückchen Freiwilligkeit käme etwa dadurch zum Ausdruck, daß sich der Jugendliche zu dem Berater begibt. Das kann er auch zusammen mit den Eltern oder anderen Begleitern tun.

Das beratende Gespräch wird aber zwischen dem Berater und seinem Besucher allein, also unter vier Augen stattfinden. Auch muß der Besucher das Gespräch jederzeit abbrechen können. Dies sollte ihm am Anfang mitgeteilt werden. Gleichzeitig sollte der Berater erklären, warum er dieses Beratungsgespräch führt.

Eine solche Erklärung (Motiv-Offenlegung) sollte am Anfang eines jeden Helfereinsatzes stehen. Das hat den Zweck, daß sich der Jugendliche, dem dieser Einsatz gilt, nicht irgendwelche egoistischen oder unguten Gründe für den Helfereinsatz ausdenkt. Vielleicht hat man ihn bei seiner Jugendreligion, -bewegung oder -sekte auf ein solches Gespräch vorbereitet und versucht, ihn dagegen „immun" zu machen. Dabei werden dann den Helfern und Beratern meist unlautere Absichten und Motive unterstellt.

Auch ein ehemaliges Mitglied der betreffenden Jugendreligion kann zur Beratung herangezogen werden. Sein Motiv ist es, dem Beratungsempfänger aus eigenem Erleben die unguten Seiten an der Lehre oder der Praxis der betreffenden Gruppe aufzuzeigen, um ihm die Schwierigkeiten zu ersparen, die er selber vielleicht hatte. Ein solches Gespräch kann auch längere Zeit in Anspruch nehmen.

Auch der Gesprächspartner in Glaubensfragen kann oder sollte sogar in dem Haus, in dem seine Hilfe benötigt wird, einen Besuch machen. Allerdings muß auch er darauf achten, daß das Gespräch abgebrochen wird, wenn der zu Beratende es wirklich wünscht. Manchmal ist ein Wunsch nach Gesprächsabbruch mehr als Selbstrechtfertigung einzustufen. Dies kann man durch Fragen herauszufinden versuchen. Beispielsweise: „Den eben begonnenen Gedanken können wir doch noch zu Ende führen?"

Ein Einsatz von regelrechten „Deprogrammern" empfiehlt sich nicht. Besonders gefährlich ist eine Anwendung von Psychopharmaka oder irgendwelchen willensbeeinflussenden Drogen. Helfer, die sich mit derartigen Methoden anbieten sollten, handeln kriminell. Überhaupt ist dort besondere Vorsicht geboten, wo sich Helfer gegen Bezahlung anbieten.

Es hat in letzter Zeit den Anschein, als stünden die Jugendreligionen selber hinter manchen Helferangeboten, die Eltern per Inserat oder Telefonkontakt angetragen wurden. Bei einem solchen Ansinnen sollte man den Anrufer kurz und bündig mit dem Hinweis: „Wir möchten mit Ihnen nichts zu tun haben und untersagen Ihnen weitere Anrufe" abfertigen. Bei wiederholten Anrufen empfiehlt es sich, ohne Aufregung einfach wortlos einzuhängen.

Was die finanzielle Vergütung angeht, sollte man sich folgendermaßen verhalten: Einem „Ehemaligen" sind auf jeden Fall die entstandenen Unkosten zu ersetzen. Der Dank kann in Form eines Geschenkes, in manchen Fällen vielleicht auch in Form eines kleinen Geldbetrages abgestattet werden. Es sollten jedoch nur von Sachkundigen und Elternvereinigungen empfohlene „Ehemalige" um Hilfe gebeten werden.

Beratern in Glaubensfragen sollte man weder Geld noch ein Geschenk anbieten oder in Aussicht stellen. Der Betreffende würde dadurch nur in die peinliche Lage versetzt, es ablehnen zu müssen. Will man sich unbedingt erkenntlich zeigen, kann man das in größerem zeitlichen Abstand von der Beratung durch eine Spende an die Glaubensgemeinschaft (oder einen von dem Berater genannten gemeinnützigen Zweck) tun.

Sachkundigen können in Ausnahmefällen die Unkosten, die ihnen entstanden sind, ersetzt werden. Eine Vergütung sollte der Sachkundige grundsätzlich nicht erhalten. Für ihn ist jeder Beratungsfall schon in sich selber ein Gewinn, weil er dadurch neue Erkenntnisse erhält.

Man kann (und sollte) ihm aber die zur Verfügung stehenden Quellenunterlagen (Schriften und Materialien wie beispielsweise besondere Sektenkleidung oder besondere, nur in der Jugendreligion oder -bewegung benutzte Geräte) übergeben oder zumindest leihweise zur Verfügung stellen.

An die Elterninitiativen oder ähnliche Bewegungen sollten Gaben als Dank für empfangene Beratung nur in Form von Überweisungen auf das betreffende Konto abgestattet werden.

Niemals Bargeld in einen Briefumschlag einlegen! Wenn dies geschehen ist, einen Beleg fordern, der steuerrechtlich anerkannt wird! Keine Zahlungen auf Konten von Privatpersonen!

Zahlungen sollten grundsätzlich nur auf die offiziellen Konten juristischer Personen (wie eingetragene Vereine, Körperschaften des öffentlichen Rechts) erfolgen. Zuvor sollte man Zahlkarten mit aufgedrucktem Steuervermerk anfordern, damit sich ein besonderer Spendenbeleg erübrigt. Solche Überlegungen sind deshalb notwendig, weil sich in außereuropäischen Ländern auch schon obskure „Helfer“, in einigen Fällen sogar „gegen Voreinzahlung“ bestimmter Beträge, angeboten haben.

Bei derartigen Hilfsangeboten sollte man sofort bei den öffentlich bekannten Beratern oder den Elterninitiativen nachfragen. Es könnte sogar sein, daß die eine oder andere Jugendreligion selbst mit „Helfereinsätzen“ Eltern oder Angehörige irreführen oder einschüchtern will.

Wohin kann man sich wenden? (Adressen)

Bei den evangelischen Landeskirchen und den katholischen Diözesen bestehen weitgehend Beratungs- und Anlaufstellen. Die meisten deutschen evangelischen Landeskirchen haben eigene Sekten- beziehungsweise Weltanschauungsbeauftragte ernannt. Sie sind in der folgenden Liste besonders gekennzeichnet:

Deutschland – evangelisch

Anhalt:
Landeskirchenrat, Otto-Grotewohl-Str. 22, O-4500 Dessau 1,
Tel: 0037-47-7247.
Pfarrer Dr. Karl-Wilhelm Berenbruch, Martinstr. 5,
O-4350 Bernburg, Tel.: 0037-447-2297
(Landeskirchlicher Beauftragter).

Baden:
Kirchenrat Klaus-Martin Bender, Blumenstr. 5,
D-7500 Karlsruhe 1, Tel.: 0721-147298
(Landeskirchlicher Beauftragter).

Bayern:
Büro des Landeskrichlichen Beauftragten für Sekten- und Weltanschaungsfragen, Bunzlauer Str. 28, D-8000 München 50,
Tel.: 089-1412841.
Pfarrer B. Wolf (Beauftragter der Evang.-Luth. Kirche in Bayern für religiöse und geistige Strömungen unserer Zeit), Neuendettelsauer Str. 4, D-8500 Nürnberg 60, Tel.: 0911-678578.

Berlin-Brandenburg:
Pfarrer Thomas Gandow, Heimat 27, D-1000 Berlin 37, Tel.: 030-8157040, Fax: 030-8179665. (Landeskirchlicher Beauftragter).
Pfarrer Erich Voigt, Kirchplatz 4, 0-7840 Senftenberg, Tel.: 0037-581-2194.

Braunschweig:
Pastor M. Meitzner, Godehardistr. 1, D-3303 Vechhelde OT Bodenstadt, Tel.: 05302-1040 (Landeskirchlicher Beauftragter).

Bremen:
Landesjugendpfarramt, Franziuseck 3–4, D-2800 Bremen.

Görtlitzer Kirchengebiet (Schlesien):
Evangelisches Konsistorium, Berliner Str. 62, 0-8900 Görlitz, Tel.: 0037-55-5412.

Hamburg:
Pastor i. R. Alfred Springfeld, Brookdeich 230b, D-2050 Hamburg 80, Tel.: 040-7207780.

Hannover:
Pastor Wilhelm Knackstedt, Archivstr. 3, D-3000 Hannover 1, Tel.: 0511-1241452 , Fax: 0511-1241266 (Landeskirchlicher Beauftragter).

Hessen und Nassau:
Pfarrer Bodo Leinberger, Wilhelm-Leuschner-Str. 15, D-6470 Büdingen 2, Tel.: 06041-1643 (Landeskirchlicher Beauftragter).
Pfarrer Diethard Mertens, Pragelatostr. 112, D-6105 Ober-Ramstadt-Rohrbach.

Kurhessen-Waldeck:
Pfarrer Eduard Trenkel, Dr.-Ronge-Weg 1, D-6430 Bad Hersfeld (Landeskirchlicher Beauftragter).

Lippe:
Lippesches Landeskirchenamt, Leopoldstr. 27, D-4930 Detmold 1, Tel.: 05231-74030.

Mecklenburg:
Oberkirchenrat, Münzstr. 8, O-2751 Schwerin, Tel.: 0037-84-864165.

Nordelbien:
Pastor Detlef Bendrath, Brahmsstr. 20f, D-2400 Lübeck, Tel.: 0451-44786 (Landeskirchlicher Beauftragter)

Nordwestdeutschland, Evangelisch-reformierte Kirche:
Landeskirchenrat, Saarstr. 6, D-2950 Leer, Tel.: 0491-8030.

Oldenburg:
Pfarrer Rainer Schumann, Wilhelmstr. 27, D-2900 Oldenburg, Tel.: 0441-16237. (Landeskirchlicher Beauftragter)

Pommern:
Evangelisches Konsistorium, Bahnhofstr. 35/36, O-2200 Greifswald, Tel.: 0037-822-5261.
Superintendent Reinhold Garbe, Wolgaster Str. 6, O-2201 Wusterhusen (Landeskirchlicher Beauftragter).

Pfalz:
Pfarrer Dr. W. Sonn, Josefstaler Str. 7, D-6670 St. Ingbert.

Rheinland:
Pastor Joachim Keden, Volksmission. Amt, Rochusstr. 44, D-4000 Düsseldorf 30, Tel.: 0211-3610246 (Landeskirchlicher Beauftragter).

Sachsen:
Evang.-Luth. Landeskirchenamt Sachsens, Lukasstr. 6, O-8032 Dresden, Tel.: 0037-51-475841.
Pfarrer Ekkehard Zieglschmid, An der Heilandskirche 1, O-8029 Dresden (Landeskirchlicher Beauftragter).
Stadtjugendpfarramt, Pfarrer Henker, Straße der Befreiung 23, O-8090 Dresden, Tel: 0037-51-5624340.

Ev. Kirche der Kirchenprovinz Sachsen (Sachsen-Anhalt):
Evang. Konsistorium, Am Dom 2, O-3010 Magdeburg, Tel.: 0037-91-31881
Als sachkundiger Ansprechpartner bietet sich an:
Andreas Finke cand. theol., Richard-Sorge-Str. 1, O-4020 Halle.

Ev.-Luth. Kirche in Thüringen:
Landeskirchenamt, Kirchenrat Greim, Dr. Moritz-Mitzenheim-Str. 2, O-5900 Eisenach, Tel.: 0037-623-5226.
Dr. Friedrich Büchner, Karolinenstr. 8, O-5900 Eisenach, Tel.: 0037-623-76649 (Landeskirchlicher Beauftragter).
Herr Landesjugendpfarrer Wagner, Barfüßerstr. 22, O-5900 Eisenach.

Westfalen:
Pastor Dr. Rüdiger Hauth, Röhrchenstr. 10, D-5810 Witten/Ruhr, Tel.: 02302-13611, Fax: 02302-1317. (Landeskirchlicher Beauftragter).

Württemberg:
Pfarrer Dr. Klaus Bannach, Volksmissionar. Amt, Gymnasiumstr. 36, D-7000 Stuttgart, Tel.: 0711-20680.

Deutschland - Freikirchen

Evang.-Luth. Kirche in Baden (Freikirche):
Superintendent, Ludwig-Wilhelm-Str. 9, D-7570 Baden-Baden, Tel.: 07221-25476.

Herrnhuter Brüdergemeinde – Distrikt Bad Boll:
D-7325 Bad Boll, Tel.: 07164-8010.

Brüder-Unität – Distrikt Herrnhut:
Zittauer Str. 20, O-8709 Herrnhut/O. L., Tel.: 0037-52193-258.

Selbständige Evang.-Luth. Kirche – SELK:
Kirchenleitung, Schopenhauerstr.7, D-3000 Hannover 61, Tel.: 0511-557808.

Evangelisch-Reformierte Kirche in Bayern:
Pfarrer Norbert Müller, Kurt-Eisner-Str. 50, D-8000 München 83, Tel.: 089-674263.

Deutschland – katholisch

Diözese Aachen:
Dr. Hermann-Josef Beckers (Bischöfliches Generalvikariat, Referat Sekten und Weltanschauungsfragen), Klosterplatz 7, Postfach 210, D-5100 Aachen, Tel.: 0241-452-419.

Diözese Augsburg:
Dipl. Theol. Hubert Kohle (Diözese Augsburg, Beratungsstelle für Religions- und Weltanschauungsfragen), Kappelberg 1, D-8900 Augsburg, Tel.: 0821-3152-274.

Erzdiözese Bamberg:
OStR Matthias Rehrl, Arthur-Landgraf-Str. 33, Tel.: 0951-54450.

Bistum Berlin:
Pater Klaus Funke OP, Dominikanerkloster St. Paulus, Oldenburger Str. 46, Tel.: 030-3957097-8.

Diözese Eichstätt:
Dipl. Theol. Ludwig Lanzhammer, Obstmarkt 28, D-8500 Nürnberg 1, Tel.: 0911-204339.

Bistum Essen:
Klaus Gerhard, Postfach 1428, D-4300 Essen, Tel.: 0201-2204-255.

Erzdiözese Freiburg:
Dipl. Theol. Albert Lampe (Erzbischöfliches Seelsorgeamt), Wintererstr. 1, D-7800 Freiburg/Brsg., Tel.: 0761-514136.

Diözese Fulda:
Dipl. theol. Felix Ruthofer, Paulustor 5, D-6400 Fulda, Tel.: 0661-87-463.

Diözese Hildesheim:
Hedwig Deipenwisch (Bischöfliches Generalvikariat, Abt. Seelsorge), Domhof 18–21, D-3200 Hildesheim, Tel.: 05121-307236.

Erzdiözese Köln:
Prälat Johannes Hüttenbügel (Erzbischöfliches Generalvikariat, Referat Ökumene und Kontakte zu Nichtchristen), Marzellenstr. 32, Tel.: 0221-1642-377; Werner Höbsch (Erzbischöfliches Jugendamt), Adresse und Telefon wie zuvor: Prälat Ludwig Schöller (Erzbischöfliches Generalvikariat, Hauptabteilung Seelsorge), Adresse wie zuvor, Tel.: 0221-1642-388/9.

Bistum Limburg:
Referat für Weltanschauungsfragen, Dr. Hans-Joachim Höhn, Eschenheimer Anlage 21, D-6000 Frankfurt am Main 1, Tel.: 069-1501-149.

Erzdiözese München-Freising:
Dipl. Theol. Hans Liebl (Beauftragter für Sekten- und Weltanschauungsfragen, Seelsorgereferat), Maxburgstr. 5, D-8000 München 2, Tel.: 089-2137-417/8.

Bistum Münster:
Rosenstr. 16, Postfach 1366, D-4400 Münster, Tel.: 0251-495-474.

Diözese Osnabrück:
Franz-Josef Schwack (Bischöfliches Generalvikariat, Hauptabteilung Seelsorge), Domhof 12, D-4500 Osnabrück, Tel.: 0541-318-254/221.

Erzdiözese Paderborn:
OStR Gottwald, Elternbildungsreferent, Domplatz 3, D-4790 Paderborn, Tel.: 05251-207-419

Bistum Passau:
Dipl. theol. Martin Göth, Innsbruckgasse 9, D-8390 Passau, Tel.: 0851-393366.

Bistum Regensburg:
Dipl. Theol. Hans Rückerl (Beauftragter für Sekten- und Weltanschauungsfragen), Roritzerstr. 12, D-8400 Regensburg, Tel.: 0941-5699-263.

Diözese Rottenburg-Stuttgart:
Susanne Beuel (Bischöfliches Ordinariat, Referat für Glaubensfragen), Postfach 9, D-7407 Rottenburg am Neckar 1, Tel.: 07472-29419.

Diözese Speyer:
Werner Gehrlein (Bischöfliches Jugendamt), Webergasse 11, 6720 D-Speyer, Tel.: 06232-102333.

Bistum Trier:
Werner Rössell (BDKJ Diözesanstelle), Weberbach 70, D-5500 Trier, Tel.: 0651-7105-279.

Diözese Würzburg:
Franz Graf von Magnis (DGZ – Die Frau aller Völker), St.-Kilians-Haus, Postfach 349, D-8700 Würzburg 11, Tel.: 0931-56610.

Österreich – evangelisch

Österreich – Kärnten:
Mag. theol. Johannes Spitzer, Adalbert-Stifter-Str. 21, A-9500 Villach, Tel.: 0043-4242-29266.

Österreich – Wien:
Pfarrer Mag. Sepp Lagger, Thaliastr. 156, A-1160 Wien, Tel.: 0043-222-465297.

Österreich – katholisch

Österreich – Wien:
Dr. Friederike Valentin, Stefansplatz 6/46, A-1010 Wien, Tel.: 0043-222-51552-367, Fax: 0043-222-5155-2366.

Schweiz – evangelisch

Evang. Orientierungsstelle, Pfarrer Dr. Oswald Eggenberger, Frohalpstr. 77, CH-8038 Zürich, Tel.: 0041-1-482029.

Orthodoxe Kirchen

Griechenland: Erzpriester Dr. theol., Dr. phil. Antonius Alevisopoulos, Iasou 1, GR-11521 Athen, Tel.: 0030-1-7219161. (Dr. Alevisopoulos spricht und schreibt perfekt deutsch.)

Weitere Institutionen und Anlaufstellen

Information und Literatur:
Arbeitsgemeinschaft für Religions- und Weltanschauungsfragen, Postfach 500107, D-8000 München 50.

Für die Beratung in Fragen der Jugendreligionen und -bewegungen bietet kostenloses Informationsmaterial:
Evang. Zentralstelle für Weltanschauungsfragen, Hölderlinplatz 2 A, D-7000 Stuttgart 1.

Für Scientology-Fragen:
A.B.I. (Aktion Bildungsinformation), Alte Poststr. 5, D-7000 Stuttgart 1.

Als Hilfs- und Beratungsstellen empfehlen sich ferner:
- die Jugendämter der erzbischöflichen und bischöflichen Ordinariate;
- die evangelischen und katholischen Jugendpfarrer;

- die katholische und evangelische Telefonseelsorge;
- die kirchlichen Erziehungs-, Ehe- und Familienberatungsstellen.

Die Adressen sind jeweils dem örtlichen Telefonbuch zu entnehmen oder bei einem Pfarramt zu erfragen.

Literatur

Jugendreligionen, Okkultismus, New Age und Esoterik sind „in“. Dafür werbend wird eine Menge Bücher veröffentlicht. Diese Literatur wird zum Teil in einigen Taschenbuchreihen von großen Verlagen mit massiver Werbung an die Frau/den Mann gebracht. Fachleute schätzen, daß der Buchhandel zehn Prozent seines Umsatzes mit solcher Literatur macht.

Daneben gibt es auch etliche kritische Bücher. Nur auf diese Bücher wollen wir hier aufmerksam machen und Ratschläge zum Weiterlesen geben:

Handbücher/Lexika

Haack, Friedrich-Wilhelm: Findungshilfe Religion 2000. Apologetisches Lexikon. Aktivitäten, Ereignisse, Firmen, Gruppen, Institutionen, Orden und Personen im Zusammenhang mit religiösen und weltanschaulichen Bewegungen – ein fragmentarischer Überblick. Material-Edition 28 der ARW München 1990.

(Lexikon im Stil eines Computerausdrucks; Hintergrundinformationen zu mehr als 3000 religiöser Gruppierungen, inklusive „Tarnorganisationen“, die in Deutschland – West und Ost – aktiv sind. Unverzichtbares „Handwerkszeug“ für Beratungsstellen, Journalisten, „Sektenforscher“ und alle, die etwas genauer Bescheid wissen wollen.)

Reller, Horst/Kießig, Manfred (Hg.): Handbuch Religiöse Gemeinschaften. Freikirchen, Sondergemeinschaften, Sekten, Weltanschauungen, missionierende Religionen des Ostens, Neureligionen. 3. völlig überarbeitete und erweiterte Ausgabe, Gütersloh 1985.

(Ein Standardwerk, das ausführliche weiterführende Artikel über Jugendreligionen, aber auch über andere religiöse Gemeinschaften enthält.)

Schülerduden „Die Religionen“, herausgegeben von der Redaktion für Religion und Theologie des Bibliographischen Instituts unter der Leitung von Gerhard Kwiatkowski. Bearbeitet von Günter Lanczkowski. Mannheim, Wien, Zürich 1977 (Duden für den Schüler; 11).
(Empfehlenswert für alle, die sich über religiöse Begriffe und Zusammenhänge informieren wollen.)

Jugendreligionen – Zusammenfassende Darstellungen

Haack, Friedrich-Wilhelm: Die neuen Jugendreligionen Teil 2, Dokumente und Erläuterungen. 6. Auflage München 1984.
(Dokumente aus einzelnen Gruppen, Tagespläne, Satzungen, Heilige Schriften.)

Haack, Friedrich-Wilhelm: Die neuen Jugendreligionen Teil 3, Berichte und Analysen. (Mit Beiträgen von G. Kuenzlen und E. Flöther.) München 1985.
(Orientierungskrise, Kinder in Jugendreligionen, Gerichtsurteile und Parlamentsentschließungen und anderes mehr.)

Haack, Friedrich-Wilhelm/Schuster, Udo/Ach, Manfred: Die neuen Jugendreligionen Teil 4, Aktionen-Hilfen-Initiativen. München 1986.

Haack, Friedrich-Wilhelm: Ratschläge. Jugendreligionen, -bewegungen und Sekten, Was können Betroffene tun? 5. Auflage München 1983.

Haack, Friedrich Wilhelm: Verführte Sehnsucht – Die neuen Jugendreligionen. 4. Auflage der Neufassung München 1984.

(Für Jugendliche gut lesbare, dennoch sachlich korrekte Broschüre über Jugendreligionen und ähnliche Gruppen. Eignet sich zum Weitergeben an Jugendliche, aber auch für Schulklassen.)

Hauth, Rüdiger: Jugendsekten und Psychogruppen von A–Z. 2. Auflage Gütersloh 1983.
(Eine sehr nützliche, lexikonartige Zusammenstellung zu Gruppen und Begriffen.)

Sieper, Roswitha (Hg.): Psychokulte – Erfahrungsberichte Betroffener. Ev. Presseverband für Bayern. München, 1986.
(Berichte aus der VK, TM, Krisna, Bhagwan, Scientology und Familie der Liebe.)

Taudien, Herbert: Grenzen der Religionsfreiheit – Rechtliche Möglichkeiten zur Reaktion auf die Aktivitäten neuerer religiöser Bewegungen. Münchener Texte und Analysen zur religiösen Situation. München 1987.

Literatur zu einzelnen Themen und Gruppen (alphabetisch)

Brahma Kumaris

Bendrath, Detlef (Hg.): Brahma Kumaris / Raja Yoga. München 1985.
(Erste deutsche Darstellung; Stellungnahme, Betroffenenberichte, Dokumente zu Ideologie und Praxis der „Töchter Brahmas“.)

Colonia Dignidad

Gemballo, Gero: Colonia Dignidad – Ein deutsches Lager in Chile. Reinbek 1988.

EAP

Lorscheid, Helmut und Müller, Leo A.: Deckname: Schiller. Die Deutschen Patrioten des Lyndon LaRouche, Reinbek 1986.

Guruismus / Gurubewegungen / Missionierender Hinduismus

Haack, Friedrich-Wilhelm: Guruismus und Guru-Bewegungen. München 1982.

(Darstellung der Traditionen, Hintergründe, Techniken und Strukturen der Gurubewegungen; wichtige Einzeldarstellungen, unter anderem SRF, DLS, SYD, Chinmoy und vieles anderes mehr.)

Mangalwadi, Vishal: Esoterische Kräfte: Ursprung, Wirkung, Gefahren. Einheitssacht.: World of Gurus. Neuhausen-Stuttgart 1988.

(Deutscher Titel irreführend: Eigentlich ein Buch über Gurus und Gurubewegungen; da von einem Inder geschrieben, sehr informativ.)

Krisna-Bewegung

Haack, Friedrich-Wilhelm: Eine Kastenordnung für das Abendland. Das Gesellschaftskonzept der Krsna-Bewegung. München, 1984.

Mun-Bewegung

Bendrath, Detlef; Herrmann, Klaus; Springfeldt, Alfred: Ein Messias aus Korea? München 1980.

(Zur theologischen Auseinandersetzung mit Mun-Bewegung/ Vereinigungskirche und ihren „Göttlichen Prinzipien".)

Haack, Friedrich-Wilhelm: Das Mun-Imperium / Beobachtungen – Informationen – Meinungen (Findungshilfe Mun-Bewegung). München 1991, Materialedition 31 der ARW.

Haack, Friedrich-Wilhelm: Jesus Christus und/oder San Myung Mun. Begegnungen zwischen möglichen Bekenntnisstandpunkten oder status confessionis? ARW, München.

Hauth, Rüdiger: Vereinigungskirche: „Tong-Il Kyo" im Angriff. Ev. Presseverband, 6. Auflage München 1981.
(Gründer, Messiasanspruch, Vorstellungswelt, Leben eines Anhängers, Der Tong-Il-Konzern, Ratschläge für Betroffene.)

Underwood, Barbara und Underwood, Betty: Im Banne des Himmels. München 1985.
(Erfahrungen von Mutter und Tochter über vier Jahre Mun-Sekte.)

Neugermanen / Völkische Religiosität

Haack, Friedrich-Wilhelm: Blut-Mythus und Rasse-Religion. München 1983.
(Neugermanische und deutschvölkische Religiosität; Gruppen, Bünde, Orden, Sekten – neugermanische Gruppen und Nationalsozialismus usw.)

Okkultismus / Parapsychologie

Haack, Friedrich-Wilhelm: Aberglaube – Magie – Zauberei. 4. überarbeitete Auflage 5/82, München.

Haack, Friedrich-Wilhelm: Astrologie. 5. Auflage München 1988.
(Mensch und Tierkreis, Horoskope, Stellungnahmen.)

Haack, Friedrich-Wilhelm: Bestrafte Neugier.
(Okkultismus, Tischerücken, Astrologie, Hellseher, Hexen.)

Haack, Annette und Haack, Friedrich-Wilhelm: Jugendspiritismus und -satanismus. 2. Auflage München 1988.
(Empfehlenswerte Schrift zum aktuellen Jugendspiritismus. Informationen über Okkultismus, Spiritismus, „Satanismus und Rockmusik", satanische Orden und Bünde, Hexen – Was ist dran, was ist Bluff – Ratschläge aus christlicher Sicht.)

Haack, Friedrich-Wilhelm: PSI/Parapsychologie. 5. Auflage München 1987.

Haack, Friedrich-Wilhelm: Satan – Teufel – Luzifer. 6. erweiterte Auflage München 1987.
(Informiert über Satanskult, Teufel, Aberglauben, Exorzismus, Teufelsreligionen, Satansopfer.)

Psychogruppen/Psychotherapie

Haack, Friedrich-Wilhelm; Dürholt, Bernd; Künzel-Böhmer, Jutta; Röder, Willi: Therapie als Religionsersatz – Die Otto-Muehl-Bewegung. Dok.-Edition 18 der ARW, München 1990.

Bernd Dürholt: Soziologische Betrachtung der Muehl-Bewegung (AAO) mit einführendem allgemeinen Überblick / Jutta Künzel-Böhmer: Psychologische Aspekte der Atkionsanalytischen Organisation / Willi Röder: Die AAO-Pädagogik.

Hemminger, Hansjörg: Das therapeutische Reich des Dr. Ammon. Eine Untersuchung zur Psychologie totalitärer Kulte. Stuttgart 1989.

Hemminger, Hansjörg: Psychotherapie – Weg zum Glück? Zur Orientierung auf dem Psychomarkt. München 1987.

Rajneeshismus

Floether, Eckart: Der Todeskuß. Wahn und Wirklichkeit der Bhagwan-Bewegung. Neuhausen-Stuttgart 1985.
(Bericht eines Betroffenen mit sonst seltenen Details.)

Haack, Friedrich-Wilhelm: Die „Bhagwan"-Rajneesh-Bewegung. Münchener Reihe, 3. Auflage München 1984.
(Der „Meister" Bhagwan Rajneesh/Osho, sein Ashram und die Zentren; Entwicklung und Hintergründe; Darstellung der Meditationstechniken und Therapien; Hilfe für Betroffene.)

Spiritismus / Neuoffenbarungen

Haack, Friedrich-Wilhelm: Das Heimholungswerk der Gabriele Wittek und die Neuoffenbarungsbewegungen. Ev. Presseverband, München 1986.

(Neuoffenbarungskirchen und Gruppen, besonders HHW/UL, Argumentationshilfen für Betroffene.)

Haack, Friedrich-Wilhelm: Spiritismus. 5. überarbeitete und erweiterte Auflage München 1988.

(Jenseitskontakte zur Geisterwelt, religiöser Spiritismus, Reinkarnation.)

Scientology / Dianetik

Haack, Friedrich-Wilhelm: Scientology, Dianetik und andere Hubbardismen. 2. Auflage München 1990.

(Die neueste Entwicklung bei Scientology/Dianetik nach dem Tode von Ron Hubbard unter Berücksichtigung internationaler und persönlicher Erfahrungen. „Tarnorganisationen", Abspaltungen. Gerichtliche Entscheidungen und Hilfen für die Praxis der Beratung werden benannt.)

Haack, Friedrich-Wilhelm: Scientology – Magie des 20. Jahrhunderts. München 1982.

(Standardwerk.)

Haack, Friedrich-Wilhelm: „Täglich war ich diesem Druck ausgesetzt ...". Erlebnisberichte zu Scientology. 2. Auflage München 1988.

Register